佛陀的故事

〈知性的引導〉 上集

釋心道 總監修

總序

等待繼承的家業　　釋心道

釋迦佛的一生，在今日二十一世紀乃至未來，依然是每一個生命的啟蒙明鏡。

生命的明鏡

當還是太子的時候，他很早婚，很愛他的妻子，很愛他的父母親，很愛他的鄉土國家；可是，他覺得這樣愛來愛去，終究會消失，怎麼辦？因為很不忍心看到親人都會消失，他要想辦法讓他們活長一點、不會死，所以他一直在想這個道理，但就是想不出來。

當他出四門，看到社會各種實況，發覺每一個生命都沒法免除生、老、病、死；似乎只有修行人得以解脫這困境。所以他就離開家庭，專心參究了脫生死、斷除煩惱的法門。他當時一共參訪九十六個老師，但學了這麼多，覺得還是沒法解決煩惱，就開始苦行，把這九十六個老師的修法徹底整合參究。

接著六年的苦行中，他就一天吃一點點，讓自己活得下去而已；他一直用心地想，想到有點開竅，但還是覺得沒法斷煩惱、了生死。最後，他覺得還是要以比較平常、中道的方法來思惟；所以，因為喝下牧羊女乳糜的供養，有了體力修行，他很清開地在菩提樹下坐定，繼續思惟生死的問題。

坐在菩提樹下，他開始看看天想一想，看看大地想一想；看到什麼都想一想，看看這整個，到底是什麼道理！終於，福至心靈的時候！一看到那顆星星！見到這「心星」－見到每個人都有的「心星」，他覺悟了！所以他從此了脫生死，煩惱也斷了，沒有任何的負擔，才開始把有情眾生救出來，教導各種修行的法門，讓生命得到自由。

宇宙的真理

我很小的時候就失去父母，十五歲開始學佛。因為就是覺得自己有問題，自己有很多的問題，所以，必需要去解決！我的問題，可能就是很多人的問題，也可能影響到國家、社會，影響到全人類－當我們一個人想法不對的時候。所以，我開始尋求生命的真理。希望內心能得到和平的證明，也希望每個人可以享受到和平與真理的依靠！

這時，聖者先賢的傳記就是我學習的借鏡！從佛陀、大迦葉尊者、密勒日巴到許多禪宗祖師的傳記，對我影響很大！我看他們是如何面對生命、開發智慧的。

尤其看到他們為追求真理的最高原則所做的奉獻，我會一再地從這裡去反省改進：他們是如何面對生命？如何用心修行的？別人能悟，為什麼我不能悟？別人修得成佛，為什麼我修不成佛？祖師們都這樣做，我想，我也應該這樣去實踐！很早就覺醒要把佛法學好！我決心證悟佛法！

如來的家業

《法華經》裡有個離家出走的孩子，自己覺得很貧賤，不敢和尊貴富足、勝過國王的父親相認。但由於父親的長期誘導教化，以及孩子的忠實承擔，終於繼承了這片本然的家業。

您我時至今日－現身在科技化的物質環境、國際化的財團貿易、全球化的多元資訊中－如握掌心的生存優勢，更是隨時變動、讓人無從信靠的；官能認知的被激化，生命存在感加速落失，已是每一個生命的共同處境。

對於我們地球家的孩子－這無根的一代而言，生命的安樂究竟何在？儼然成形的宇宙生命共同體的方向、意義何在呢？您見到了嗎？

您見到了釋迦牟尼佛悟道時的那顆「心星」嗎？每一個生命都有「心星」。對不對？當您瞪直眼睛看，傾心豎耳在聽，那就是了！這顆「心星」一直沒離開過。

　　佛陀與每位覺者賢聖的生命奮鬥，是時空洪流中不滅的日月明星；恆時啟迪我們：對生命真諦的這份堅持－必須用實踐來釐清資訊，用修行來貫徹意志，用利他來延展智慧，以明心了道，揭開宇宙的真理寶藏、啟動生命的能量源頭！

　　依循佛法知性的引導，今生此刻，讓我們把握當下的契機，好好理清楚：真正的自己是什麼？生命的安樂財富何在？如何認取、繼承佛陀的家業？畢竟我們是佛陀的子民，終究要繼承如來！這是每個生命必然要到達的彼岸！不管發生什麼事情，只有我們捨棄佛，沒有佛捨棄我們的！

　　只要用心學習、用心實踐，佛法就能帶來清淨、安樂與解脫。祝福您！

佛陀妙法眾中尊　直至菩提永皈依
願我所做諸功德　利益眾生願成佛

種種顯現水月幻相故　轉回相續漂流眾有情
為在覺性光明界中息　依於四無量門而發心

眾生無邊誓願度　煩惱無盡誓願斷
法門無量誓願學　佛道無上誓願成

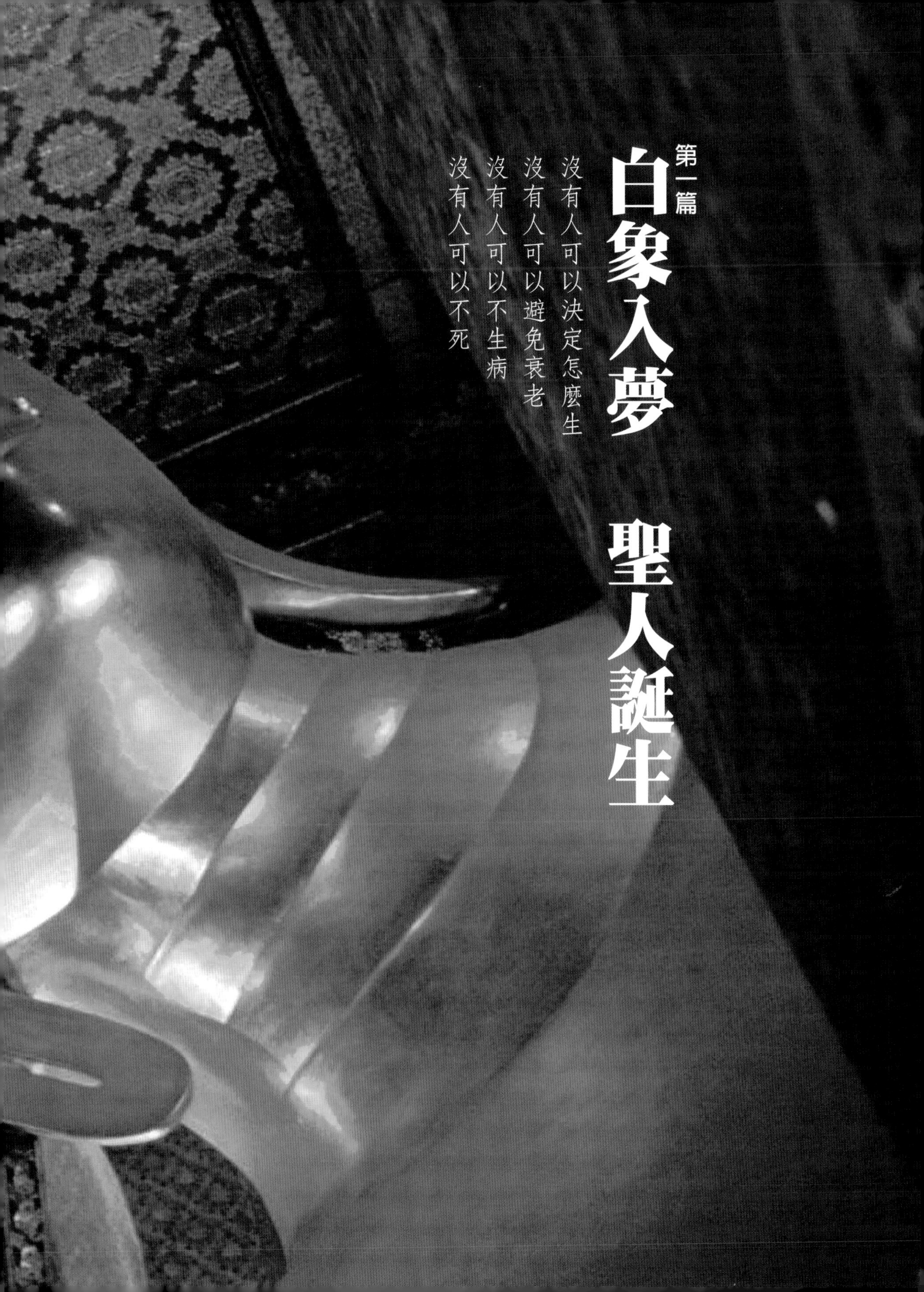

第一篇

白象入夢　聖人誕生

沒有人可以決定怎麼生
沒有人可以避免衰老
沒有人可以不生病
沒有人可以不死

1 陶師與童子

二千五百多年前，釋迦族在印度北部的山區建立了迦毗羅衛國。國王是淨飯王，王后是摩耶夫人。釋迦牟尼佛，他究竟從哪裡來。

釋迦牟尼佛，他從哪裡來

釋迦牟尼佛，是娑婆世界的教主，沒有他就沒有佛教，釋迦牟尼佛的稱謂是誰給取的？他又從哪裡來？他又如何成為佛？

釋迦，就是能仁。以仁愛寬和的心念悲憫眾生，就是所謂的大慈大悲。佛，能帶給眾生安樂，拔除眾生的痛苦，以大慈大悲的心關愛所有的生命。牟尼，就是寂默。佛在修行的時候，以他自己心中本有的智慧與光明返照斷除煩惱，使智慧圓滿。

上圖：沙彌
通常指七歲至十三歲的出家人，又名驅烏沙彌。十四歲至十九歲，則稱呼為法沙彌。年過二十歲，統稱為沙彌。

佛，具備了能仁與寂默、自利利他的智慧、德行與慈悲，所以他的名字就叫做釋迦牟尼佛。

依據經典的記載，遠從古老古老以前，有一位古佛他也叫釋迦牟尼佛。這個釋迦牟尼佛具有神通妙力，能夠因材施教，以善巧方便普度眾生。有一天，這位「古」釋迦牟尼佛，觀察到了一位名叫廣熾的塑陶師傅善根已臻圓融，應該得度了。古佛就帶著他的兩名弟子阿難與迦葉，去到大光明陶窯教化他。廣熾見到佛與兩位尊者紆尊降貴來到他的陶窯，心裡萬分的激動與著急，他心想：「這該怎麼辦呢？這個地方又髒又亂，就連個坐椅也沒有。」情急之下陶師隨手拿起許多的稻草鋪在陶泥上，勉強湊和成三個座位，請佛坐中間，兩位尊者則依序坐在兩旁。一切就緒，廣熾恭恭敬敬的對著佛頂禮。在禮拜佛的時候，廣熾心裡產生了一個念頭：「釋迦牟尼佛，具足了悲智二願、福慧雙修，而且相貌莊嚴，願我將來成佛的時候，也叫做釋迦牟尼佛，同時擁有兩名弟子，迦葉與阿難。」陶師經過了多生多世的精進修行，依止著無上的願力，終於坐在菩提樹下，夜睹星空得道成佛。他就叫釋迦牟尼佛。

另外，依據《金剛經》的記載，釋迦牟尼佛這個名字是過去燃燈佛授記的。久遠前，傳說善慧童子走在路上，正巧遇上了燃燈佛。就在此時，善慧童子見到了燃燈佛正要經過的路上有著一灘污泥，童子心想：「佛赤足走路，這污泥一定會弄髒佛的雙腳。」他下意識的以自身撲倒在地，用他平時最珍視的烏亮頭髮鋪在污泥上，等著燃燈佛從他的頭髮上走過去。燃燈佛見到了善慧童子這種佈髮掩泥的情景，當下便授記：「善男子，汝於來世，當得作佛，號釋迦牟尼。」

這兩個典故都是釋迦牟尼佛的由來，兩者都說明了，世界上一切的一切都是依著我們的心念感應而來，一個念頭種下了一個因，不管幾生幾世，只要因緣成熟了，結果自然成就。

釋迦牟尼本生石柱

開創佛教的教主佛陀，原本是遠古印度迦毗羅衛國的太子，為了追求永恆真理而出家修道成佛。降生於公元前六二三年，二十九歲出家，三十五歲成道，說法四十五年，講法經三百餘會，所度人天，其數無量，約於公元前五四三年入滅，世壽八十歲。

藍毗尼園遺址

摩耶夫人臨產前依時俗返回娘家待產，途中於其父天臂城，主須菩提之別宮藍毗尼園休息時，在無憂樹下，生下釋尊。

2 圓滿一切願

悉達多太子在藍毗尼園誕生。悉達多的意思是一切願望圓滿。太子誕生後的第七天，摩耶夫人便去世，太子是由姨母波闍波提撫養成人。

摩耶夫人的夢境

遠在太子出生前的幾個世紀，印度即出現了許多小國家；其中釋迦族所建立的迦毗羅衛國，二千五百年前便建國於印度北部的喜馬拉雅山下，是介於印度與尼泊爾之間的地方。迦毗羅的意思是——有黃衣的地方。也就是說這個國家居住著許多穿黃色衣服的苦行僧。

釋迦，這個姓的由來有兩種說法：其一是在迦毗羅國附近有一座樹林，長滿釋迦樹，當地的雅利安人便以釋迦為族姓。其二，釋迦的意思是，有才能或才幹，因為釋迦族人都是非常能幹的。當時的國王，淨飯王是位仁慈愛民的王；淨飯，就是乾淨的飯。王妃則是邦拘利國的公主——摩耶夫人；摩耶，是幻覺或幻相。摩耶夫人長相端麗，溫和賢淑，國王與王妃都深得人民的愛戴。

有一天，摩耶夫人作了一個奇異的夢，她夢見一頭白象由她的右脅進入胎中。做了這個夢之後不久，她就懷孕了。在印度白象是偉大的象徵，所以她心想，自己所懷的孩子將來一定成就非凡。因為這個美麗的夢，讓摩耶夫人的心情開朗，懷孕期間，沒有絲毫的憂鬱與煩惱，每天都過著幸福、快樂的生活，全國的臣民也都期待著太子的誕生。

太子的誕生

　　依照印度的傳統習俗，懷孕後的婦女都必須回娘家生產。摩耶夫人在即將臨盆的時候，便告別了淨飯王，乘坐華麗的轎子，在侍從和宮女的簇擁下，向娘家出發。途中，他們經過了爭奇鬥艷、百花怒放的藍毗尼花園，摩耶夫人決定到園子裡逛逛，紓解旅途的勞頓。來到園子裡，她見到一棵美得無與倫比的娑羅樹，便伸出右手向上攀著樹枝，就在此時太子就從母親的右脅誕生了。太子出生後即行走七步，地上自然湧現七寶蓮花承接其足，讓太子的腳不沾地，之後立於蓮花之上，一手指天，一手指地，說道：「天上天下，唯我獨尊。」這兩句話是多麼有氣魄！此時天上九龍吐水，地上出現兩個水池，一個熱水、一個冷水供太子沐浴。太子在藍毗尼園降生之後，人人歡喜，個個是笑顏逐開，當時的侍衛大臣騎著駿馬，飛快他奔回王宮去向淨飯王報告這個天大的好消息。太子的誕生讓淨飯王與全國人民感到非常興奮，

右脅誕生太子
摩耶夫人攀娑羅樹，此時大地震動，放無量光明與出胎。

大家無不歡喜踴躍熱烈地慶祝這個特別的日子。這一天,正是農曆的四月八日。

太子出生時,我們身處的這個世界即大放光明,普照十方,就連中國境內當時也見到了五色吉祥光芒。當時周昭王因見到五色光深感奇異,便召來太史公蘇由,問其原委。蘇由啓奏周昭王:「西方有位大聖人出世。」王問:「這聖人威德如何?」蘇由答曰:「不需想方設法而能治天下,巍巍乎,民無能名。」王問:「法教何時東傳?」蘇由:「卻後千年,流佈中土。」於是乎,周昭王便下令刻一石碑,樹立南門外天祠前,將此事蹟留給後代子孫。

阿私陀仙人的預言

淨飯王於太子降生之後,立即召請諸多仙人入宮,為的是幫太子看相。眾仙人都異口同聲的說:「太子具備了三十二相與八十種好,若是在家一定是個萬王之王,若出家修行一定成佛。」淨飯王不禁問:「眾仙人,太子究竟是在家當個萬王之王好呢,還是出家修行成佛好呢?」此時會中有一仙人站起來說道:「我們的智慧有限,無法回答您的問題,請容我們向您引薦——阿私陀仙人,他是位舉國聞名的長壽仙人,他的智慧超拔,只有他才能給您一個答案。」

仙人像
佛典中描述仙人們修苦行、行占卜及顯現神通。

此時的阿私陀仙人,正在距離王宮不遠的一座山中修行。他在靜坐時,看到王宮上空出現一道祥瑞的霞光,知道太子已經誕生了,於是立刻來到王宮探望太子。

王宮裡,淨飯王恭敬地請阿私陀仙人坐下,問道:「您老人家為什麼會到這兒來呢?您怎麼知道我正需要您給我啓示啊?」阿私陀仙人根本不理會國王的問話,只是興奮地問道:「太子呢?太子呢?快讓我見見他!」淨飯王於是立刻叫人把太子抱出來。

阿私陀仙人手捧太子，見到長相圓滿的太子，內心充滿了喜悅，眉宇之間不禁流露出歡欣的表情，但是很快的，他又悲傷地哇啦哇啦的哭將起來。國王見阿私陀悲喜無常的樣子，非常擔憂，不安地問：「太子會遭受什麼不幸嗎，您為什麼一會兒哭一會兒笑？太子還好嗎？」阿私陀回答道：「太子長相圓滿、莊嚴，不僅不會遭遇任何不幸，反而能夠求得至高無上的真理，成為人間佛陀。他將教化眾生，使眾生證悟真理。世界上只有兩個人具有三十二相，一者，佛。二者，萬王之王。但是萬王之王的三十二相是不能與佛相比的：太子三十二相，從肉髻頂相至足下千輻輪相個個分明完好、部位端正，將來一定成佛。我今年已經一百二十多歲了，是一個即將老死的人，等到太子成佛，能夠說法度眾的時候，我已經不在人間，不能親見佛、不能親聞佛的法，心裡感到十分難受，我為自己的業障深重感到悲傷，這就是我傷心的原因。」說完這些話，阿私陀便向太子合掌敬禮，然後默默離開王宮。

萬法唯識
一切事物都是由識而顯現，當它們生起次第，心識的影響力最大，也最重要。

一切願望圓滿

太子所處的時代是公元前六至五世紀。當時在恆河的下游（即中印度一帶）建立許多以城市為中心的國家，稱為「十六大國」其中，最強大的國家是恆河南岸的摩竭陀國和西北邊的僑薩羅國。傳說中的十六大國中並沒有迦毗羅衛國，因此，淨飯王最大的願望便是，太子能夠成為統攝諸國的偉大統治者，若無，則最基本也要維持住現狀。

太子誕生後的第五天，淨飯王邀請了許多著名的修行人為太子命名。他們仔細地觀察了太子圓滿的長相，其中有七位豎起兩隻手指，說：「太子長大以後，如果繼承王位，將成為萬王

佛陀小辭典

太子的誕生地藍毗尼園，位於今日的尼泊爾境內，靠近印度邊境，可能是在離古代的迦毗羅園不遠的地方。公元前三世紀，阿育王在這裡豎立了一根紀念柱，這個地點便被認為是藍毗尼園的舊址。由於阿育王的時代離佛陀誕生的年代不遠，故可以肯定這就是藍毗尼園的舊址。

傳說悉達多太子前世是在兜率天（天界名）。為了教化眾生，慈悲濟世，才降生到人間來。

之王；如果出家修行，也必定成為一位覺者。」其中只一位年輕的修行者，豎起一隻手指。他認為太子在見到生、老、病、死各種人生的苦相之後，一定會出家修道，成為一位覺者。七位修行者之所以預言太子將會成為萬王之王，是因為在當時這是最高的政治理想。

淨飯王聽過修行人的預言後，決定替太子取名「悉達多」。

悉達多即是一切願望圓滿的意思。太子的悉達多之名，具備兩種意義：一是，淨飯王想要擁有一個太子的願望已經完成了；另一個則是太子後來成為佛陀，圓滿了眾生期待佛陀降生的願望。

摩耶夫人的逝世

悉達多太子誕生帶來了舉國的歡騰，但不幸的事情卻緊接著降臨。太子誕生後的第七天，摩耶夫人就去世了。摩耶夫人因為產下了一位大德大慧的釋迦牟尼佛，具足了福德因緣，依因感果升到「忉利天」中。忉利天，位於須彌山頂上，又名「地居天」。摩耶夫人升天之後，她的妹妹波闍波提便負起撫育太子的責任。波闍波提是摩耶夫人最小的妹妹，為了代替姐姐撫養太子成人，便自願嫁給淨飯王為妃，並生了難陀。波闍波提後來也跟著佛出家修行了，是佛陀四眾弟子中的第一個比丘尼，為了紀念她，出家後稱他（出家後，現女眾大丈夫相她不再是她，而以他稱之。）為——大愛道比丘尼，比丘尼居住的地方則稱為愛道堂。

釋迦牟尼佛降生娑婆世界，並在娑婆世界成佛，是發廣大心，並以金剛願力、精進修行才成功的。在這個世界上，每一人、每一件事若要成就，同樣須要腳踏實地、胸懷願景，勤勤懇懇、努力不懈。所以，佛法與世間法在這個道理上是沒有分別的。

佛陀小辭典

修行：指佛教徒努力學習、實踐的教義。

佛陀：簡稱為佛，意思是覺者也就是指已經斷除貪、瞋、痴，證得圓滿智慧的修行人。通常是指佛教的創始人釋迦牟尼。釋迦牟尼意即釋迦族的聖人。

眾生：所有具有生命的東西，包括人類。

覺者：證悟真理的人，這裡是指佛陀。

左圖：摩耶夫人像
據傳其死后生于忉利天（欲界六天之第二），釋尊曾于某夏，升至忉利天，為其母摩耶夫人說法。

3 文武超群的小王子

悉達多太子從小就心地善良，擁有一付慈悲心腸。在一個春耕節日裡，無意中看到弱肉強食的情景，令他陷入了沉思。

上圖：描述太子宮殿
佛陀在皇宮的貴族生活是優渥舒適的，此柱畫充分表示佛陀的尊貴。

下圖：S型的人物
印度浮雕人像，經常表現為一種舞蹈的姿態，這種形象無疑是充滿活力的，那也是他們生活的一部分。

春耕

悉達多太子心地善良，頭腦聰穎，平常喜歡靜坐沉思。七歲那年的某天，他跟著父親淨飯王去參加春耕節日的慶典。當淨飯王忙著主持慶典的時候，太子在宮女的陪伴下，坐在蒲桃樹下休息。因為慶典的節目非常精彩，沒多久的時間，宮女們便一個個地離開太子，跑去看熱鬧。

太子對於慶典不感興趣，卻對一旁耕種的農夫產生興趣。他看著農夫身上穿的是破舊的衣服，在太陽下流著豆大的汗珠；那頭犁地的老牛，在農夫不停的鞭打下，皮破血流，拖著沉重的步伐，勉力地前進。農夫犁地翻出的土壤上，一扭一扭的蚯蚓曝露在地面上。遠處飛翔的小鳥，見到蚯蚓更是爭先恐後地啄食。驀然間，一隻老鷹從空中俯衝而下，猛然抓住一隻小鳥，啾——的飛走了。看到這一連串的情景，太子內心受到巨大的震撼，因為這種現象是他從來都沒有見到過的，就是連想都不曾想到過的。他自語：「可憐啊！眾生都是這樣互相殘殺的嗎？」在他小小的心靈裡烙下弱肉強食的印象。此時，淨飯王看到太子獨自在蒲桃樹下靜坐沉思，不禁對他的行為感到驚奇。

文武超群的小王子

在悉達多太子七歲的時候，淨飯王請了全國最優秀的老師來教導他，悉達多太子八歲時，淨飯王則聘請了全國最傑出的文人、武士來教導他，讓他接受良好的傳統教育，準備成為一位智勇雙全的國王。根據印度古代的傳統，悉達多太子必須學習五種主要的學科。這五種學科是：

語文學——學習文法、作文、文學。

工藝學——雕塑、繪畫和音樂。

醫藥學——醫療的方法。

邏輯學——研究因果的關係、推理和辯論的規則。

宗教學——包括吠陀（婆羅門教的經典）和其他宗派的哲學。

釋迦牟尼本生石柱
佛陀所處時代各國互相討伐，階級和民族矛盾，其所屬的釋迦族，受到鄰國強權的威脅。他以察覺到難免覆滅的結局，認為世間「無常」。另外，又目睹老、病、死情景，聯想到自己也擺脫不了同樣的命運，而產生了人生難脫苦難的煩惱，終於捨棄王位，出家修行，弘揚佛教。

除了學習學術性科目以外，太子也必需接受各種軍事訓練，以備將來繼承王位時，可以負起保衛國土的責任。除了射箭以外，他還要懂得騎馬和御象。同時，對於摔角以及棍、劍和長矛等各種武器的使用，更需樣樣精通。

對於國王延請來的老師，太子是禮敬有加。太子不怕吃苦，用心地學習、不斷的練習。在種種訓練之下，不論文蹈或武略，太子都有優異的表現。就這樣日子平靜的過去了。有一天，太子請問前來教育他的老師：「老師，這世界上的仙書與梵書共有九十四種，您現在要教我那一種？」老師被太子問得啞口無言，心生慚愧，自覺太子才氣縱橫已在自己之上。在武的方面，淨飯王請來了羼提婆。羼提婆是一位武藝超群的大力士，熟知九十二種兵法。但是，這九十二種兵法對太子來說是

再熟悉不過的事，頓時屬提婆下了一個決定，反拜太子爲師。對於太子的武藝，釋迦族人充滿讚嘆，譬如說：族人比武時太子能夠一箭射穿七個金鼓；太子能夠左手提起一頭大象，右手一擲輕鬆擲出城門外，而大象墜落的地方居然陷落成一個大坑——這就是印度象坑遺蹟的由來。

爭鵝

十二歲那年，太子和堂弟提婆達多在林中散步，一隻天鵝在空中飛翔，提婆達多看見了，急忙拿起弓箭，一箭就把天鵝射了下來。太子來不及阻止他這種殘忍的行爲，於是很快跑過去，把受傷的天鵝輕輕地抱起來，並拔出它身上的箭。正當太子替天鵝包紮傷口的時候，提婆達多緊跟著跑了過來，向他要回天鵝，兩個人因此爭吵起來。爭執了很久都沒有結果，他們便決定找一位賢者來爲他們判斷是非。

賢者問清楚事情的始末，經過了慎重的考慮，說道：「眾生都有求生的願望，我們既然有生存的權利，其他的動物當然也不例外。誰能保護天鵝的生命，誰就是天鵝的主人。現在提婆達多要把天鵝殺死，而太子卻把它救活了，所以天鵝應該屬於太子的。」聽了這番話，太子便高高興興地把鵝帶回家去了。

學佛的人，要入佛道，首先須發菩提心。菩提心，是大乘佛法的核心，菩提心就是爲無量無邊的眾生拔苦。菩薩不忍眾生受苦，生悲憫之心，爲救度眾生而發心，稱爲菩提心。只有修證成佛，以佛智慧與慈悲願力，方可淨化人間，令受苦眾生永脫苦輪。

4 叛逆的青少年

為了不使悉達多太子興起修道念頭,淨飯王百般設法讓他享受豪華舒適的生活,並且建議他早日成親。在一個特別為太子舉行的盛大宴會裡,太子被耶輸陀羅優雅高貴的氣質所吸引。後來,在一次全國性的競技比賽中,太子獲得壓倒性的勝利,如願地娶了耶輸陀羅為妻。

奢華的生活

阿私陀對太子的預言,讓淨飯王如芒在背,只要一想起便十分憂慮。他想盡辦法讓悉達多太子享受奢華、舒適的生活,因在他的認知裡,如此一來,太子便不會出家修行,而他的王位也會有人繼承。為了讓太子在寒冷的冬天不受寒風刺骨之苦,淨飯王為太子營建了一座冬宮;為了讓太子在酷熱的夏天也能感覺到清涼,淨飯王為太子營建了一座夏宮;一座為雨季而建造的宮殿,是讓太子在雨季裡,也能進行各種活動不受天候與環境的約束。太子在這樣悉心的照顧之下,無論何時何地都是舒適而快樂的生活著。

為了讓太子的生活更加多采多姿,淨飯王再次在宮殿裡建造了一座大花園。園中最特別的是一個大池塘,池塘裡種滿各種顏色、嬌艷欲滴的睡蓮,還有悠遊自在的天鵝和魚群。在僕人們盡心的照料下,太子見不到凋謝的花朵與乾枯的葉子。

宮裡的每一個人也都和太子一樣,

《法華經安樂行品》曰:菩薩摩訶薩,觀一切法、空,如實相、不轉倒、不動、不退、不轉,如虛空,無所有性。是說一切法真如實相之狀也。

穿的是華麗的衣服，戴的是貴重的飾物，吃的是山珍海味，過的是歌舞昇平的歡樂日子。淨飯王還下了道命令，嚴禁宮裡的人在太子面前談論老、病、死與出家的問題。淨飯王希望太子生活在完美的環境裡，永遠看不到人生痛苦的一面，這樣單純的太子便不會興起出家修行的念頭。悉達多太子在淨飯王百般的呵護下，過了十七個年的無憂歲月。

大婚

　　淨飯王每天的心思都花在不讓太子出家這件事情上，這天，他心裡又起了一個念頭：如果太子結了婚，有了家庭的束縛，應該就更不會出家了，於是當天他就向太子建議希望太子早日成婚。太子說：「父王，您要我結婚，我聽您的。不過，請您替我找一位德貌兼備的女孩。她不但要有同情心與愛心，更要

上圖：點燈

點燈的利益有兩種：一、出世間的利益可得真智慧，遠離修行上的障礙，去除五毒惡業的牽引，斷除輪迴。二、世間的福報，身體健康，相貌莊嚴，眼睛明亮，眾人喜愛，不受人欺，心想如願，財富具足。

如上可知燃燈供佛具有作善業、設供養、作舍施。受福、財、平安、健康、不墮三惡道報。

佛陀小辭典

耶輸陀羅，是有德行的女人的意思。她的父親是拘利國的善覺王，母親是淨飯王的妹妹，名叫甘露。耶輸陀羅和悉達多太子實際上是表兄妹的關係。

上圖：印度婚禮

印度教結婚的過程中，新郎要把朱砂塗在新娘的頭髮分縫處，讓朱砂最好是呈水滴狀的，讓它流到額頭上一些，據說這樣可以使夫妻相愛到老。

右圖：菩薩

是佛的弟子，意譯「覺有情」、「道眾生」等。意指是「以智上求菩提（覺），以悲下化有情（眾生）」是用佛的法旨和教義，解救苦難中的芸芸眾生，渡眾生到極樂世界。

菩薩行是十分難以達到的目標，其修行途徑是，「依止三心（誠心、深願心和迴向發願心）而修六度萬行」，具備了般若空慧，這是修菩薩行的基礎。修六度是菩薩修行法門的總攝，即布施、持戒、忍辱、精進、禪定和智慧，梵語稱「六波羅密多」，就是六種到達彼岸的方法。

寬宏大量，她不說謊、不搬弄是非、不造謠、不貪婪，也不能有妒嫉心。總之，她的思想、言語和行為都必需要純潔無瑕。」淨飯王接受了太子的請求。廣邀所有王宮貴族待嫁的少女，到宮裡來參加為太子舉行的盛大宴會，讓太子自己選擇他心目中理想的伴侶。

這一天終於到來了，所有到宮裡參加盛會的少女都穿戴得非常華麗。她們見到英俊的太子，愛慕之心便油然而生。當太子親自將禮物送給她們的時候，更是令她們興奮。太子的禮物都送完了，可是卻沒有一個少女能夠打動他的心。這時，姍姍來遲的少女——耶輪陀羅，落落大方地走到太子面前，向他深深的鞠了個躬。太子被耶輪陀羅優雅、高貴的氣質吸引住了，他把自己佩戴的項鍊摘下來，送給她。耶輪陀羅接過項鍊，微笑地說：「我只值得這個嗎？」太子馬上又將戒指脫下來送給她。

淨飯王知道了這件事，心裡非常高興，便派人去向耶輪陀羅的父親提親。但是耶輪陀羅的父親認為太子過慣奢侈的生活，在體力和智力方面，可能比不上一般人，因此不同意這椿婚事。淨飯王為了證明太子的體力與智力不但正常，而且超人一等，便下令舉行全國性的競技比賽。許多文武雙全的青年都來參加，觀眾更是人山人海。在激烈的競爭下，太子以精湛的技藝，壓倒所有優秀的選手，獲得冠軍。耶輪陀羅的父親對太子的表現十分滿意，馬上答應了他們的婚事。不久，他們便在宮中舉行隆重的婚禮。

看到婚後的太子與耶輪陀羅過著幸福快樂的生活。淨飯王非常高興，心上的石頭也彷彿落了地。他心想：「總有一天，太子會繼承王位，成為萬王之王。」

阿私陀仙人的預言，早已被看到美滿表象的淨飯王拋諸腦後，他繼續懷抱夢想，規劃著悉達多太子的未來。

5 老病死與出家

悉達多太子聽說宮外有一座景致十分優美的花園，便要求淨飯王讓他出遊。三次的出遊，太子先後看到衰老、病痛、死亡和出家四種景象。這四種景象促使太子面對人生的問題，尋求解脫生、老、病、死的方法。

佝僂的老人

悉達多太子在宮中過著舒適的生活，完全不知道宮外的世界。有一天，太子聽說宮外有一座景致十分優美的花園，便要求淨飯王讓他出宮去看看。淨飯王本來不肯答應，但經不起他一再地請求，只好勉為其難的讓他出遊。不過，淨飯王預先派人將太子會經過的街道清理乾淨並刻意地佈置一番，使太子無法看到不愉快的情景。為了這一次不尋常的出遊，淨飯王還派了他最忠誠的馬夫車匿，陪伴太子出宮。

見到太子出遊，一路上群眾是夾道歡呼，太子也很高興。可

是才走了沒多遠，太子便看見一個彎著腰、駝著背的人吃力地向他走過來。這個人衣衫襤褸、頭髮灰白，皮膚乾皺，沒有牙齒，瞇著眼睛；他是來向太子求乞，希望太子能施捨一些東西給他。

太子從來沒有看過這樣的人，他吃驚地追問車匿：「車匿，這個人到底怎麼了，為什麼他不能挺直身子走路？為什麼他滿頭白髮？為什麼他沒有牙齒？為什麼他看不清楚東西？車匿，他是人嗎？」

車匿誠實地回答：「太子，他是一個老人。當他年輕的時候，也和我們一樣強壯，一樣有著烏黑的頭髮、光滑的皮膚、堅固的牙齒和明亮的眼睛。但是現在他已經衰老了，所以才變成這樣。」

「難道沒有方法可以避免衰老嗎？」太子緊張地問道。

「沒有！每一個人都會衰老，都會變成這個樣子的。」車匿回答。

太子歎息地說：「唉！這種現象雖然清清楚楚地呈現在每個人的眼前，但是人們卻視若無睹。」太子內心十分激動，出遊的興致也沒有了，便吩咐車匿轉道回宮。

反覆呻吟的病人

有一天，太子又想起那座美麗的花園，他再次要求淨飯王讓他出遊，淨飯王也勉強地答應了。

這一次，城裡沒有特別的佈置，也沒有群眾夾道歡呼，人們都忙著謀生。太子覺得城裡忙碌的生活和宮中舒適的生活大相逕庭。忽然，他看到地上躺著一個人，那人臉色蒼白，呼吸急促，輾轉痛苦地呻吟著。

太子不曾見過這樣的情景，不明白這是怎麼一回事，於是緊張地問車匿：「車匿，這個人怎麼了？他在哭嗎？為什麼他躺在地上？」

佛陀小辭典

佛陀時代，雖然修行者（即出家人）各有不同的衣著、理論和修行方法，但是他們的修行目標是相同的，那就是證悟真理。有些人決定出家修行，是因為他們瞭解物欲的引誘和俗務的羈絆，使他們不能集中精神去思考人生的問題，所以，為了能夠全心全力地去尋求人生的真理，他們只有捨棄家庭，出家修行。

右圖：佛陀圓光

自佛陀頂上之圓輪光明。〈觀無量壽經〉曰：彼佛圓光如百億三千大千世界，於圓光中有百萬億那由他恆河沙化佛。

「他是一個病人，正受到病痛的折磨，所以才會這麼痛苦地呻吟著。」

「為什麼他會生病呢？」太子迷惑不解的問道。

「每個人都會生病，沒有一個人可以永遠健康。」車匿說。

「病不能治好嗎？」

「有的病能治得好，有的病卻不能治好。治好的病有時也會復發的。」

聽了這些話，太子非常難過地說：「唉！如果常常生病，那麼人生一定是痛苦的。但是人們卻在病痛的陰影下，尋歡作樂。」

太子本來以為所有的人都和他一樣的健康，可是見到這個病人痛苦的樣子，才知道事實和他想像的並不一樣，他非常難過地吩咐車匿回宮。

死亡

過了一段日子，太子又在車匿的陪伴下，離開王宮，到那座花園去。

途中，太子看到一群人哭哭啼啼，其中幾個抬著一塊木板，上面躺著一個被布包裹著的人。這種景象讓太子感到很驚異，他問車匿：「車匿，那些人為什麼傷心？他們為什麼把木板上的人裹起來？被裹起來的人為什麼一動也不動呢？」

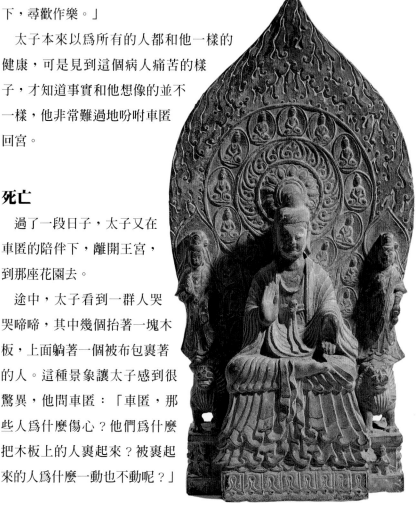

「那個人已經死了，所以用布包起來，一動也不能動。那些人會那麼傷心，就是因為他們再也見不到這個親人了。」

「死？一個活生生的生命，為什麼會死呢？」太子恐懼地問。

「因為老、病與意外的侵襲，每一個人最後都會死的。」

「難道死亡是不能避免的嗎？」

「對，世界上沒有不死的人。」

太子悲傷地說：「每個人都會死，但是大多數的人都不關心死亡的問題，他們仍然過著無憂無慮的生活，好像沒有死亡的威脅一樣。」

在恐懼與不安中，太子打消遊園的念頭，吩咐車匿回宮。

但這一次，由於淨飯王已經派了許多姿色艷麗的宮女，到太子要去遊樂的花園裡表演歌舞，用來博取太子的歡心，所以車匿並沒有遵照太子的吩咐回宮，反而繼續往花園的方向駛去。

花園裡綠草如茵，繁花競艷，幽幽的花香隨風飄送，百鳥枝頭爭鳴，景致果然十分優美。這時候，被淨飯王選派來的宮女都出來迎接太子，她們各憑才藝容貌，極盡所能地取悅他。但是，太子一直想著生、老、病、死的問題，對眼前的一切根本不感興趣。

就在太子鬱鬱寡歡的同時，他看見一位身穿黃袍的人，精神奕奕，神態安詳地走了過來……太子情不自禁地走上前去問道：「你是誰？」

「我是一個出家人。為了尋求解脫生、老、病、死的方法，我居無定所，到處漫遊。」

太子雖然沒有作聲，可是他心裡多麼希望自己能像這位出家人一樣的安詳。這些日子，他看到生、老、病、死的苦相，這些景象使他認識到人生是痛苦的，而這種痛苦卻又是無法逃避的。他也看到出家人的平靜與安詳，這使他知道人生的痛苦是有辦法解決的，因此他對人生有了新的看法。他想：「雖然我貴為太子，

四聖諦三轉十二行法輪

四聖諦是佛陀對小乘聖人阿羅漢說的。佛成道後經過了二十一天,到鹿野苑為五比丘說法,即是四聖諦三轉十二行法輪。

三轉為示相轉、勸修轉、作證轉。

苦	初轉	示相	此是苦,逼迫性
	二轉	勸修	此是苦,你應知
	三轉	作證	此是苦,我已知
集	初轉	示相	此是集,招感性
	二轉	勸修	此是集,汝應斷
	三轉	作證	此是集,我已斷
滅	初轉	示相	此是滅,可以證
	二轉	勸修	此是滅,汝應證
	三轉	作證	此是滅,我已證
道	初轉	示相	此是道,可以修
	二轉	勸修	此是道,汝應修
	三轉	作證	此是道,我已修

苦、集、滅、道,每一諦都有示相、勸修、作證三轉,四乘三是十二,所以說是三轉十二行法輪。

享盡人間的榮華富貴,但是總有那麼的一天,我會生病、會衰老、也會死亡。我不應該把青春浪費在享樂上,應該真正地去瞭解人生,並設法去尋找解脫生、老、病、死等痛苦的方法。我應該好好地利用有限的生命,去做一番有意義的事,這種生活態度才是正確的。」太子正想進一步的向出家人求教,但他抬頭一看,出家人不見了。他內心真是悲喜交加,他悲哀人生的苦痛,喜的是人生好像還有一絲絲解脫的方法。

從此以後,太子對享樂的生活不再感到興趣,他甚至想離開王宮去追求真理。

淨飯王對於悉達多太子的轉變,看在眼裡,心裡開始更積極地為悉達多太子繼承王位的事情佈局。

右圖:佛憫眾生
佛陀自悟修空觀,同時展現出,觀一念之心俱足三千諸法,教化所有眾生。

6 淨飯王最後的努力

施無畏印
右手展掌,豎其五指,當肩向外。
此印能施一切眾生安樂無畏。

對於孩子的出世,悉達多太子隱隱地覺得那是他出家的障礙。明白悉達多太子的心情,淨飯王替他的孫子取名——羅睺羅,羅睺羅就是障礙的意思。

羅睺羅的誕生

正當悉達多太子極力思索著生、老、病、死的問題與解脫的方法時,耶輸陀羅生下了一個可愛的男孩。太子並沒有初為人父的雀躍,反而深深地歎息:「唉,一個障礙出世了。」太子一心想離開王宮,出家修行,孩子的出世,增加了他對家庭的牽掛,出家的計劃因此多了一重障礙。淨飯王明白太子的心意,便替孫子取名——羅睺羅,就是障礙的意思。淨飯王非常瞭解太子的心情,為了讓太子歡樂無憂,他命令宮女夜以繼日的表演歌舞,取

悅太子。可是太子對這種生活，已經不感興趣，深深覺得厭倦。

一天晚上，在歌舞表演過後，太子睡著了，宮女也因極度困倦，圍在太子周遭睡去。太子小睡之後醒過來，看見周圍的宮女東歪西倒，醜態百出。臉上的妝已經褪去，有的流著口水，有的磨著牙齒，有的張大嘴巴，有的正說著夢話。她們取悅太子的時候，是那麼美麗動人；如今躺在這昏暗的廳堂，卻像是一具具的死屍。太子看了這種情景，更加明白人的青春和美貌是多麼虛幻，出家修道的心亦更加堅定。在他內心深處非常清楚，追求解脫生、老、病、死的方法不只是為了自己，也是為了生活在痛苦之中，卻不知道人生真相的人們。

淨飯王最後的努力

淨飯王為了太子一心一意只想出家修行的念頭是傷透了腦筋，在這個節骨眼上，有位仙人特地前來王宮求見淨飯王，說是為了太子前途而來。淨飯王像是見到了一線希望，趕忙將仙人迎請入宮。仙人一見淨飯王開口便說：「七天之內，若是太子不出家修行，就會成為轉輪聖王，也就是所謂的金輪王，簡單來說便是您所期待的萬王之王，成為萬王之王的太子擁有七種寶物，能夠統治四方天下。」淨飯王問道：「什麼是七寶？太子又如何統治天下？」「七寶就是：金輪寶、女寶、馬寶、象寶、主藏神寶、主兵神寶、如意寶等七項寶物。金輪王坐著金輪寶在一日夜內就可以周遊由他所管轄的東、南、西、北四方天下；女寶，是淨妙德，也就是金輪王的夫人，她能為金輪王生下一千個兒子；馬寶，稱之勇疾風，能夠日行千里，是金輪王的坐騎；象寶，只要金輪王坐在象王上，就能夠安然自在、穩若泰山；主藏神寶，讓金輪王金銀財寶樣樣具足；主兵神寶，是金輪王的護衛，可令金輪王戰無不克、所向無敵；如意寶，則是如意摩尼寶珠，它能生出一切眾寶，任由金輪王廣行布施，讓人人有求必應、所求皆能

如願。」淨飯王聽了仙人的話之後，更加不願太子出家修行，無論如何一定要度過這七個晝夜，所以，他命令更多的侍衛與隨從，不管白天或晚上都亦步亦趨的跟著太子，不讓太子有任何獨處的機會。

離宮之夜

毘濕奴雕像

毘濕奴化身很多，幾乎在每一部經典中都有他的存在。他每一次出現在世間，總是給信奉他的人帶來吉祥和幸福。毘濕奴掌管現世的平靜，他在印度三主神中負責的也正是守護。

經過幾日幾夜的輪番守護，宮娥婇女、護衛隨從都疲累不堪的紛紛睡去了。這時空中傳來一陣清晰的叫喚聲：「悉達多，悉達多，你忘了你所發的願嗎？你忘了你所發的願嗎？」太子問：「你是誰？」「我是淨居天人，我無時無刻都在你身邊，你不能忘掉你的大願啊。」「我沒有忘失我的願，但父王管得嚴密，我毫無機會出宮。」「現在，就是時候了。」太子一聽有機會，欣喜若狂，悄悄地叫喚車匿牽出他心愛的白馬「犍陟」，準備離宮出走。離宮之前，他走回寢室，原想向妻兒告別，但是，見到他們母子沉睡的樣子，他立即改變初衷，或許不告而別對她們母子好些，萬一離宮的計劃失敗，這輩子他再也沒有機會出家修行了。他知道妻兒在宮裡會得到最好的照顧，也知道耶輸陀羅雖然會難過，但是她一定能夠瞭解他離宮的目的。他再次端詳睡夢中的妻兒，在默默心中道別後走出寢室，駕上駿馬，由四大天王護住四蹄，在淨居天人神力的護持下，夜半出宮。一出城門，他勒住了馬，向王宮作了最後的一瞥，然後發著誓願：「如果找不到了脫生、老、病、死的方法，絕不回到此地。」話一說完，太子便頭也不回地和車匿一齊離開了迦毗羅城。

父子的協議 羅睺羅身份外一章

當時，悉達多太子為了圓滿出家的心願，幾番考量之後決定與父親促膝長談。當天他來到父親淨飯王的宮殿，開誠佈公的希

望父親能夠成全。淨飯王被太子的誠心所感動，終於鬆口：「悉達多，只要你能夠為我王室留下一條血脈，我就讓你出家修行。」太子轉身對著陪在他身邊的耶輸陀羅，往她腹中一指說道：「父王，耶輸陀羅已經有孕了。」當下，淨飯王老淚縱橫，知道大勢已去，不可能再挽回。是夜，悉達多太子告別父王與剛受胎的妻子，帶著車匿騎著白馬出宮。待出宮門即說道：「若不得道，不回宮門。」

受胎之後的耶輸陀羅，在經歷六年的歲月才產下羅睺羅。雖是太子指胎，但一般世人並不見容耶輸陀羅，蜚短流長皆言其不守清規婦道，耶輸陀羅在遭遇到太子離宮修行與流言的雙重打擊，終於她打破沈默。她抱著初生的羅睺羅來到淨飯王跟前，開口向淨飯王請求：「父王啊，這六年來我是啞巴吃黃蓮，有口難言，今天請您作主，為我在宮門前燒一火坑，我與

佛陀成道後六年，回到迦毗羅城，耶輸陀羅與羅睺羅相偕出來接佛陀，佛陀乃令羅睺羅出家受戒。當時舍利弗為和尚，目犍連為阿闍梨，此即為僧伽有沙彌之開始。

佛陀小辭典

四大天王：東方持國天王；南方增長天王；西方廣目天王；北方多聞天王。

天眼有修得與報得二種，在人界修
四禪定而得淨眼的人，稱為修得；
出生在色界諸天人而自得淨眼者，
稱為報得；又稱死生智證通。

右圖：綠度母鎏金像

度母是觀音菩薩悲憫天下眾生，所
掉下眼淚變化而成。其法相是一頭
二臂，雙手各持蓮花和結印，纖細
而莊嚴。腳向下伸，意味著應機救
度眾生，右手放在右膝上，掌心向
外，是與願印，持蓮花，是將蓮花
施與天下。

羅睺羅若有一絲不清不白，母子倆人願被烈火燒死，絕無怨言。
若羅睺羅確為太子指腹成胎，願大火自熄，還我母子清譽。」淨
飯王為時勢所逼，不得已懷著忐忑，命人在宮殿的大門前燒一火
坑。就在熊熊火焰熾熱燃燒的同時。耶輸陀羅抱著羅睺羅面對眾
人向天起誓：「若我兒羅睺羅是為太子指腹成胎，願我母子倆躍
入火坑仍能安然無恙；若羅睺羅身份來歷不明，就讓我們母子倆
當眾燒死。」說完，耶輸陀羅抱著羅睺羅躍入火坑。刹時熊熊烈
焰化為一朵紅蓮，托住耶輸陀羅與羅睺羅母子倆，蓮花中的耶輸
陀羅相貌莊嚴、清淨聖潔不可侵犯。釋迦族人目睹這神聖不可思
議的情景，無不發出讚嘆，頓時毀謗的言語不攻自破，自此耶輸
陀羅與羅睺羅母子倆生活終歸風平浪靜。現今佛教讚誦仍有〈昔
日耶輸　免難消災障〉的偈子，即是出於這段典故。

第二篇 夜騎出宮 斷髮苦行

避免過極端享樂或極端苦行的生活，
就能撲滅貪欲之火。
能夠培養慈悲心，
就能撲滅瞋恨之火。
能夠瞭解四聖諦，
並修習八正道，
就能撲滅愚痴之火。

1 斷髮苦行

太子在二十九歲那年出家，從此人們稱他為苦行僧喬答摩。在王舍城，頻婆娑羅王遇見了喬答摩，見到器宇軒昂的喬答摩，頻婆娑羅王愛才之心油然而升，一心想把一半的王國送給他，但是這個建議卻被拒絕了。

出家

經過長途的跋涉，太子與車匿來到阿奴馬河邊。神勇的白馬犍陟一個躍起，便安然地來到彼岸。過河以後，他們便停下來休息。為了表示出家的決心，太子抽出利劍，長劍一揮就將又長又黑的頭髮割了下來，說道：「願斷我與一切眾生煩惱，願斷我累劫累世的業障。」說完，便將斷落的虛髮拋向空中，此時居住在三十三天的帝釋天主，怎能錯過這個機會，運用神通將虛空中的落髮兜起，恭恭敬敬地捧到忉利天宮中，起塔供養，這就是髮塔。接著太子將身上佩戴的寶珠取下，交給車匿請他奉還父王；解下繫在華麗衣袍上的瓔珞奉還養育他的姨母；衣袍則交予妻子，白馬牽回宮去好好飼養，太子並請車匿轉告淨飯王：「就說太子已經出家了。出家是為了尋求眾生解脫離苦之道。」另外再傳個口信給耶輸陀羅：「愛別離是苦，希望她也能斷了妄念，不需哀愁。」太子說完，便離開車匿與白馬獨自往雪山而去。

在雪山中太子遇到了一個穿著袈裟的獵人，當時在印度境內的獵人無比狡猾，因為知道居住在雪山中的動物非常靈性，只要是穿著袈裟就會讓百獸誤以為是慈悲的修行人，

在毫無防備中的獵物可以讓獵人很容易的就捕獲。太子見到這個披著袈裟的獵人，就以身上僅存的華服與獵人交換，獵人看見這萬中選一的華貴衣裳，異常欣喜，一百個願意與太子交換身上的破袈裟。從此以後，太子便開始過著苦行僧的生活，那一年，他二十九歲。

覓師 苦行

太子披上袈裟之後，分秒必爭的開始尋找修道的老師。他首先往跋渠仙人苦行的林中走去。在林中他見到許多修行人，有的穿著草衣、有的只披著樹皮、有的是坐在泥地裡、有的乾脆就睡在荊棘叢中。太子見到這樣的景象心生疑惑，他不禁開口問道：「你們這樣是在修什麼啊？」跋渠仙人回答：「我們想升天。」太子說：「升天雖然能夠得到暫時的快樂，但是福報享盡，還是會再次墮落啊。」在這個林中太子住了一日夜，與仙人不斷的對話，發現到他們所修的苦行不是根本的解脫之道，決定繼續向前，不在此地逗留。

話說淨飯王聽到太子出家的消息，傷心欲絕，他不住的說：「阿私陀仙人所說的話果然成真了啊！」但他始終不放棄，立刻派遣五位大臣帶領一隊士兵去找尋太子，勸他回心轉意。這五位大臣就是著名的憍陳如、阿鞞、跋提、十力迦葉、摩訶男。這群人找了許久，終於在跋渠仙人的苦行林子裡找到太子，他們再三勸請太子返回王宮，可是太子堅持地拒絕了。五位大臣想起了淨飯王的囑咐：「如果找不回太子，你們也就不用回來了。」他們眼看著意志堅定的太子，想來已無法對淨飯王交差，只好跟隨著太子修行。這五位大臣後來成為知名的五比丘。

左圖：佛塔
佛陀入滅後，舍利分八處，各設塔廟以供奉。

上圖：苦行僧
修習苦行的人。

巧會頻婆娑羅王

太子出家之後，人們稱他為苦行僧喬答摩。當他來到王舍城的

佛陀小辭典

苦行：這是一種修行的方法，屬行自律、拒絕物質和感官方面的享受、忍受環境的壓迫、千方百計地自我折磨等。修行者認為，用這種方法可以使人得到一種神秘力量，或達到解脫的境界。

時候，他那莊嚴的外表和高雅的氣質，頓時吸引許多人。

　　一天早晨，喬答摩正托著缽在城中乞食，剛巧摩竭陀國的國王頻婆娑羅在宮裡望見喬答摩。他看到喬答摩非凡的儀表，非常想認識他，於是派侍從去請他前來相會。不一會兒，侍從回來報告，喬答摩已經上山修習禪定。頻婆娑羅王聽了，立刻乘坐馬車，帶了大臣和隨從趕到山上去。由於山路崎嶇不平，頻婆娑羅王只好下車步行，走了許久，終於見到喬答摩。

　　他先向喬答摩致敬，然後說道：「你這麼年輕器宇非凡，是最適合統領第一流的軍隊。我願意將我的國土分一半給你，請你留下來跟我一起治理這個國家吧！」

　　喬答摩說：「國王，我自己有個國家座落在喜馬拉雅山坡上，富饒強盛。但我追求的不是榮華富貴，所以離開王宮，出家追求真理。請您不用說服我，因為我的心已經平靜得不再受到任何利欲的牽引了。但願您的國家和平、繁榮，更祈您的王位鞏固，但我最希望的是您必須用智慧來治理國家，用公平與正義來統治人民。」頻婆娑羅王聽了喬答摩一席話，大為震動，他以無比敬畏的語氣說：「希望您早日尋得真理，並願意回來教導我。」喬答摩答應了他的請求，頻婆娑羅王才高高興興地離開。

　　日子就在喬答摩不斷的尋找良師與苦行中流逝，匆匆已過五年。在這五年的時間裡，喬答摩都沒有找到真正解脫的方法、宇宙的真理……

　　最後，喬達摩走到尼連河岸，優樓頻陀村外的苦行林中靜坐思惟。這段時間，是喬達摩超凡入聖的一個關鍵期。

請法
印度自古盛行佛教，中印度摩揭陀
國是佛陀游化之地。為求大法，由
邊地來此修學佛道的人四時不絕。

2 禪定與苦行

喬答摩學習禪定，但是他發現連最有名望的禪師阿蘭伽蘭與郁頭藍弗都無法助他尋得真理。喬答摩再次修習苦行，結果不但不能使身心脫落，反而使身體衰弱不堪。喬答摩終於發現中道，便接受牧羊女的供養，並坐在菩提樹下，證悟真理。

阿蘭伽蘭與郁頭藍弗

禪定的修行法門在印度擁有悠久的歷史。在喬答摩求道的同時，有些修行者在禪定功夫上已經達到很高的境界。喬達摩離開跋渠仙人的苦行林，接著便去到彌樓山麓，參訪當時非常著名的兩位仙人——阿蘭伽蘭與郁頭藍弗。兩位仙人所修行的正是四禪四空的禪定功夫。

喬答摩先拜阿蘭伽蘭為師，不久他便精通了阿蘭伽蘭所教導的禪定法門。阿蘭伽蘭對他大為賞識，不但把他當作同輩看

上圖：托缽乞食
在印度，婆羅門教及其他教團亦有此行儀，而佛教沿襲當時風俗，亦以托缽模式取得食物《百丈清規證義記》每逢用膳時，帶領弟子們人間乞食，不選擇淨穢或貴賤食物平等行化。今泰國等南傳佛教僧侶仍奉行此乞食法。

待，還要他協助自己訓練其他的弟子。阿蘭伽蘭的禪定功夫雖然不錯，但是卻不能解答有關人生痛苦的問題，於是喬答摩便離開了他，去向郁頭藍弗學習。經過了一段時間，他再度成為郁頭藍弗最出色的弟子，但是他發現郁頭藍弗所教導的修行方法，同樣不能助他尋得真理。喬答摩心想：「四禪四空的禪定功夫練成之後，也僅能升天享福，即使是到最高境界的非非想處，等福報享盡仍要遭受業報因果，這不是究竟解脫的修行法門。」

失望中的喬答摩終於離開了郁頭藍弗，決定用自己的方法去追求真理。喬答摩為尋求真理，受盡風霜、吃盡苦頭，足跡更是遍及整個摩竭陀國。

二度苦行

修習苦行和修習禪定一樣，在印度也有長遠的歷史。當時人們相信修習苦行是達到身心清淨的修行方法，更確信唯有苦行才能使心靈清淨幫助人們抵過贖罪。當喬答摩瞭解到單靠禪定功夫不能使他證悟真理之後，便再度修習苦行。

有一天，喬答摩來到王舍城西南的苦行林。這裡的景色優美，還有一條清澈見底的小河，喬答摩決定在這裡修習苦行。他相信，只要日夜修習苦行，終有一天能夠證悟真理。這種信念越堅定，喬答摩所受的苦也就越多。有時，他一連幾天站在同一個地方，不飲不食，甚至睡在荊棘做成的墊子上，忍受一切的痛苦——想盡辦法讓自己在最壞的處境裡修習苦行。

《普曜經》曾提及喬答摩所修習的種種苦行，磨牙、將舌頭頂在上顎、停止呼吸、不飲不食。這種苦行的生活把喬答摩折磨得枯瘦如柴。提到這段苦行經驗時，喬答摩這樣形容他自己：「因為吃得很少，所以我的四肢就像乾枯了的藤節，凸出的背脊就像破寮頂上露出的椽木。兩眼深陷，頭髮有如乾草。我的肚

佛陀小辭典

靜坐：靜坐沉思在古印度是一種重要的精神生活。這種修行法，是將受到干擾的意識集中在一個目標上，例如專心觀呼吸。這樣一來，意識集中，內心就會安寧快樂。

供養：供給修行者生活上的需求用品。

中道：避免兩種極端的修行方法，既不耽溺於感官的享受，也不故意折磨自己的身心。

皮幾乎貼在背脊上，只要用手去摸肚皮，就能碰到背脊。我豐潤帶有光澤的皮膚早已失去了往日的光彩。」喬答摩與五位隨從，就這樣的在苦行林中修習了六年。

為悟道　放棄苦行

有一天，喬答摩拖著身軀，走到附近的河裡去洗澡。由於身體過度虛弱，他昏了過去，差一點就被淹死，幸虧他的同伴適時把他救了起來。恢復知覺後，喬答摩開始對自己的苦行生活作了一番徹底的檢討。他想：「我相信我修習的已是極端的苦行，是過去或未來的苦行僧都無法比得上的。但這種極端的苦行方法，我已經堅持了六年，為什麼到現在我仍然沒有辦法證悟真理，難道這種修行法是不正確的嗎？難道還有其他的方法能使我證悟真理嗎？」他反覆不斷的思惟著。他回想起小時候，曾經在蒲桃樹下靜坐沉思，他認為或許靜坐沉思能夠幫助他證悟真理。他試著再度開始修習禪定。不過，這一次的禪定不只是精神的集中與意念的清淨，更配合了智慧。喬答摩發現，只有禪定加上智慧，才能使人斷除貪、瞋、痴，從痛苦中解脫出來。

在靜坐中，他漸漸地產生信心，並瞭解奢華的生活與極端的苦行都不能使他證悟真理，只有守著中道、修習禪定，才能達到目的。有了這層認識之後，喬答摩便決定放棄苦行的生活。

喬答摩的前半生可以分為兩個時期：第一個時期是過著奢華的宮廷生活，第二個時期是修習苦行。透過親身的體驗，他終於明白，唯有修習中道，才可以使他證悟真理。所謂中道，就是避免極端的苦行或耽溺於欲樂的生活。

在《巴利中部》裡，對中道的生活作了一個很恰當的比喻：沉迷於欲樂而無法自拔的人，不能獲得真理，就像浸在水中的木頭，不管如何磨擦，也不能生火；雖然不再享受欲樂卻對欲樂戀戀不捨的人，也不能獲得真理，就像離開水面的木頭，依然潮

佛陀小辭典

郁頭藍弗修習禪定，已達非想非非想處天，可享壽命八萬大劫。但因他在修行時，有群麻雀吱吱喳喳地令他心生煩躁，他在心中起了一個壞念頭：如果這個時候，有一隻狐狸把這群惱人的麻雀都吃掉，那該有多好？

郁頭藍弗修成升天後，幸福快樂地過了八萬大劫的好日子，但福報言盡，他即落入畜生道中，當一隻狐狸。

左圖：雲岡石窟釋迦牟尼大佛
佛陀體悟自性輪身、正法輪身、教令輪身三者。
意指佛之身口意三業也。輪身：意指摧破眾生煩惱之力。

上圖：佛陀大悟
佛陀破無始之迷妄，開真實之知見。《觀無量壽經》曰：廓然大悟，得無生忍。

濕，不能生火；只有身心都不再耽溺於欲樂的人，才能獲得真理，他們就像乾燥的木頭，一經磨擦，就能生起火來。

　　世人一味地享受欲樂，固然沒有意義，但若一味地折磨自己，同樣也是毫無意義的。因為體力的衰退催促著智力的消失，沒有智慧則同樣無法大徹大悟。喬答摩就是認清了這一點，決意放棄以往的苦行，在追求真理的過程中，他和常人一樣接受飲食。

證道前的供養

　　苦行林的附近，住著一位十分富有的村長。村長有個女兒叫須闍多，須闍多平日以牧羊為生，她曾對森林中的樹神發下誓願：「如果我能找到一個好丈夫，並且頭一胎生兒子的話，那麼我每天都親自祭祀，永遠不忘樹神的恩德。」婚後的她第一

禪定：這是佛教的重要修行法。透過精神集中的方法，使人得到快樂、平和。

下圖：牧羊女供養

意指供給食物予佛陀。牧羊女供養，最初以身體行為為主，後亦包含精神供養，所以有分身供養、心分供養之分。據《遺教經論》載，飲食、衣服、湯藥等，屬身分供養；不共心供養、無厭足心供養、等分心供養等，屬心分供養。

胎果然生了個兒子，於是她決定在月圓之日祭祀樹神。那一天，她煮了一碗奶飯，走進樹林，剛好看見喬答摩坐在樹下，兩眼微合，她不禁心中產生敬意，把奶飯恭敬地遞給喬答摩，喬答摩也樂意地接受了她的供養。

這件事發生在喬答摩決定放棄苦行的時候，五個同伴看到喬答摩接受了牧羊女的供養，非常不悅地說：「這個苦行僧已經退了修道的初心，不再修習苦行，他已決定過舒服的生活，我們還是離開他吧！」於是他們離開了喬答摩，到波羅奈國附近的鹿野苑去繼續苦行，並相約從今以後不再理會喬答摩。

喬答摩吃了奶飯，體力漸漸地恢復了。他走到尼連河畔一棵美麗的菩提樹下靜坐，這時，一個名叫吉祥的割草人，來到喬答摩的身邊，送給他一束嫩草作為坐墊。為了表示追求真理的決心，喬答摩繞著菩提樹走了三匝，然後面向東方，坐下來修習禪定。當時他發下了誓願：「縱使我皮乾骨枯，血涸形銷；如不成道，絕不起坐。」

六年，是一段不算長亦不算短的日子。許多的小鳥在喬達摩的頭上築巢，更有許多的樹藤在他身上穿梭來去。但對於這些，喬達摩全然無動於衷。

無畏的佛陀
佛陀願給一切眾生安樂；願拔一切
眾生痛苦。

3 波旬魔王的考驗

在證道的過程中，喬答摩戰勝了魔王。他以大慈大悲憫念眾生之心；大雄大力的威德降伏魔怨。

波旬魔王的美人計

喬答摩在菩提樹下所發的誓願，引起了大地六種震動──震、吼、擊、動、湧、起。頓時地動天搖，連處在天上第六層寄居天的波旬魔王宮殿，也被震動的相當厲害。波旬魔王擁有神通力，運用天眼一看，知道喬答摩在菩提樹下發出誓願，決定成佛。充滿瞋恨心的波旬魔王，不願看到喬答摩證悟成佛，決定運用他的魔法與勢力去破壞喬答摩的修行。

首先波旬魔王派了三名魔女，名喚悅彼、喜心、多媚。三名魔女妖嬌美麗，體態充滿魅力，當真秀色可餐。三名魔女來到喬答摩的面前，千姿百媚，不斷用甜美的音聲、妖嬈的體態媚

上圖：護法龍天
眼鏡蛇護持自己所修成的善法，並擁護佛陀的正法，為佛陀擋雨並護法。

右圖：蛇型多瞋
佛教五趣生死輪回圖將蛇比喻瞋心，為三毒之一，惱怒打罵傷害別人。三毒中此為最惡。《華嚴經》：一念瞋心起，百萬障門開。一念起瞋，殃墮無間。

惑喬答摩，聲聲勸請，願追隨太子回宮盡心服侍，享盡人世間的榮華富貴。喬答摩何許人也，他看透魔女的心思，不為音聲、美貌所迷，他屈手一指，運用神通，三名美女眨眼間變成老態龍鍾的怪婆婆，皮鬆面皺、白髮蒼蒼、骨瘦如柴。三名魔女見狀，不斷使用魔法想要破解喬答摩所施的神通，幾番努力之後，魔女只能投降，跪在喬答摩面前請求他的原諒，祈求他慈悲救度。

武力的恐嚇

波旬魔王的美人計失敗後，令他覺得怒火中燒，他親自率領著魔兵魔將，前來菩提樹下喬答摩面前興師問罪。波旬魔王充滿威嚇的說道：「喬答摩，你把我手下最具姿色的魔女變成老太婆，分明就是不給我波旬魔王面子，既然你是敬酒不吃，休怪我回敬一杯罰酒。」語畢，手持魔杵的波旬魔王當下便高舉摩杵以雷霆萬鈞之力劈向喬答摩。只見喬答摩身形不動，雙眼未抬，不慍不火：「我的福德智慧不可思議，不是你波旬魔王

佛陀小辭典

波旬魔王有兩個意思：一是死亡；一是誘惑者。根據佛教的說法，波旬魔王是欲界第六天的天主，時常率領著屬到人間干擾修行佛道的人。

摩羅又稱魔或波旬。在佛法裡，它是指邪惡的力量。凡是阻止人們向善努力的，就是魔。例如：自己內心的惡魔；擾亂社會、家庭安寧的人也是魔。

所能摧毀。」話聲方歇，只聽一聲巨響，波旬魔王應聲倒地。看到如此這般的景象，所有的魔兵魔將，雙腿一彎，跪在喬答摩面前哀哀求饒。

癱軟在地的波旬魔王仍不放棄的說：「喬答摩你那麼蒼白、那麼瘦弱，眼看著就要死了，你還是快快樂樂享受人生吧！尋求真理的道路是崎嶇不平的，遭受的苦難也是難以承擔的，不如現在就放棄吧，人生得意須盡歡啊！」喬答摩回答：「波旬魔王，我很清楚你到這裡來的目的，我有正確的見解，也有信心和毅力。我的肉體雖然日漸瘦弱，我的心境卻日漸平和；我的注意力、理解力也因禪定的關係而日益增強。我不會再受到任何欲念所引誘，任何的誘惑都不能打動我的心，我可以運用我的智慧與你對抗到底！成道之後，我將周遊各地，廣收弟子，讓他們也和我一樣有堅定的意志，對自己充滿信心。」

聽了喬答摩的這番話，波旬魔王承認他失敗了，他說：「這些日子我寸步不離地跟著你想盡種種辦法誘惑你，但你卻無動於衷。唉，我輸了！」說完這些話，波旬魔王意興闌珊的走了。喬答摩再度使用神通，恢復了魔女的健康、端正她們的容貌，並勸她們改惡從善。跪在一旁的魔兵魔將，喬答摩也讓他們起身，同樣地規勸他們必須行善，說完便讓大家都離開，未做留難。

喬達摩坐在菩提樹下，想著芸芸眾生都具足了智慧、德相，但為什麼眾生依舊是眾生？只因眾生迷失了本性，遺忘了真心，把虛妄的、假的當成真的。所以產生了妄想和執著。

十一面觀音鎏金像

前三面作菩薩面，左廂三面作瞋
面，右廂三面似菩薩面，狗牙上
出，後有一面作大笑，頂上一面作
佛面，其十一面各戴華冠，其華冠
中有阿彌陀佛。

4 夜觀星辰　明心見性

喬答摩在十二月八日的晚上夜睹星空，頓悟真理，證悟後的喬答摩沒有馬上離開菩提伽耶，因為他知道自己所證得的真理不容易被瞭解，梵天王知道佛陀悟道，卻因眾生迷真逐妄不願說法，為使真理得到弘揚，梵天王祈請佛陀說法。

明心見性

　　波旬魔王離開以後，四周顯得格外寧靜。這時，一輪皓月當空，喬答摩進入了更深的禪定境界，此時他對自己心理的活動脈絡一清二楚，注意力已能夠隨心所欲地集中在任何一個標的上。在全神貫注的情況下，他感到平和、感到清淨，此時的他是將自己原本具足的智慧與光明，返照自性，達到靈光獨耀的境界。

　　上半夜，他在禪定中清楚地看到自己過去諸世的生活情形。到了下半夜，他在禪定中見到上一世做惡事的人，這一世正在

佛陀小辭典

在《本生經》中，提到釋迦牟尼佛過去諸世的種種事跡。他曾經是太子、宰相、商人、鹿王、白象……等等，為了救度眾生，他不惜犧牲自己的財產或性命，完成菩薩利樂眾生的使命。

上圖：觸地印

又作觸地契、破魔印、能摧伏印。表示降魔之印契。左手置於臍上，右手下垂，手掌向內，五指並伸觸地，或覆於膝上。膝為地大之意，在密意中表本有大菩提心堅固不動之義。觸地則表驚發本有之心。佛陀成道時，波旬前來擾亂，佛陀以此印按地，即有地神踴出，證明佛陀之福業勝德，天魔為之退散。

受苦：上一世行善的人，這一世則過著幸福快樂的生活。當喬答摩進入禪定時，他回想起自己以及眾生前世的種種，對因果的道理有了正確的了悟，再也沒有任何執著、任何煩惱。

黎明前的那一刻，四周月光遍灑，在全然靜默的夜空中，一顆閃亮的星辰，觸動了他的覺知，剎那間，他徹底地瞭解因果，明白欲望與無知，就是痛苦的根源。只要破除無知，從減少欲望直到沒有欲望，眾生就不會有痛苦。瞭解這些道理以後，他便從欲望與無知的束縛中解脫出來，證得無上智慧，跳出生死苦海，到達涅槃解脫的彼岸，成為佛。

佛陀在證道後不禁言道：「奇怪啊！奇怪，真是奇怪，芸芸眾生皆具有如來智慧，只因妄想、執著不能證道。若能離開妄念，一切的智慧便能顯現。」這一天正好是十二月八日，這一年，佛陀三十五歲。

若看表象，喬答摩是夜睹星空，頓悟成佛，實際上，佛陀多生以來早已成佛。但因心念眾生疾苦、不捨眾生，在十方世界中發菩提心、行菩薩道，是為救度無邊眾生，願眾生了脫生死，共成佛道。菩薩所發的四弘誓願：第一個大願是眾生無邊誓願度──眾生擺第一；第二個才是煩惱無邊誓願斷；第三大願是法門無量誓願學；第四個願望是佛道無上誓願成。菩薩把自己成佛放在最後面，眾生永遠放在第一位。佛陀捨棄王位出家修行，就是從第一個願望為出發點，而佛陀悟道後所說的第一句話，就是示現人人皆具有佛性，眾生皆可成佛。《法華經》云：〈心、佛及眾生，是三無差別。〉這些都是鼓勵眾生，應該精進學佛，同證無上正等正覺。

教化眾生

佛陀在悟道之後的七天裡，仍然在菩提伽耶的菩提樹下靜坐。在他進入禪定時，身心獲得了最大的自由。七天中，佛陀不斷地

婆羅門：印度社會分成四個階段：婆羅門（祭司）、剎帝利（武士）、吠舍（農民和工商業者）、首陀羅（無技術的勞動者）。婆羅門，是屬於第一個階級。

二皈依：因為當時僧團尚未成立，無皈依僧，故曰二皈依。

慈悲在大乘佛教中是非常重要的。一個菩薩除了有大智慧之外，也必須具有慈悲心，才能教化眾生。

滿眾生願的度母

聖救度母法門在顯密教典中都有，修二十一度母者能斷輪迴之根，免除一切罪障及魔障，消除水、火、刀、兵、盜賊等災難，增長壽命及福慧，凡有所求皆能所求如願，其功德利益無量。

凝視著這棵菩提樹。回想這棵樹在他禪定期間為他遮日擋雨，對這棵樹充滿了感恩與敬意，他覺得世間的一切事物都各有所長，大家都應該和平相處，互相成就。

有一天，一個驕傲的婆羅門來到菩提樹下，有備而來的他開口即問佛：「一個人要如何才能贏得眾人的尊敬？」佛陀告訴他：「階級不一定能使人受到尊敬。一個人只要能克制自己的欲望，不做壞事，對人謙虛有禮，有智慧，能過清淨的生活，便能受人尊敬。」聽了佛陀的回答，這個婆羅門感到很滿意。他謙虛地向佛陀敬禮，然後離開。

菩提伽耶連續下了七天大雨。雨過天晴後，有個年輕人來到佛陀的面前，他僅止於向佛陀致敬，卻一句話也不說地站在一旁。佛陀知道他想瞭解那一種人是快樂的人，便告訴他：「出家人是快樂的，因為他明白真理，所以他感到滿足。善良的人，不會傷害別人，沒有心理負擔，所以心地善良的人也是快樂的人。能克制欲望，毫不執著的人也是快樂的人。但是，若能破除驕慢心理的人所感到的快樂，卻是任何人都比不上的。」

又有一天，兩個商人來到佛陀的面前，供養佛陀米糕及蜜糖，他們希望這份供養能讓他們得到利益與安樂。供養佛陀之後，他們有禮地對佛陀說：「請佛陀收我們為弟子吧！」佛陀為他們舉行皈依法的儀式後，他們兩人就成為最早接受二皈依的在家弟子。

證道後的七個星期，佛陀一直沒有離開菩提伽耶，他想：「我所證悟的真理是不容易覺察的，也是不容易瞭解的。這種境界不是用語言、文字所能表達，只有智者才能真正地體驗到，卻是那些追求感官享受的人所無法想像。如果我要傳授這種真理，相信許多人都不能明白。」

梵天王在他的宮殿裡，透過神通知道佛陀雖然悟道，但因眾生智慧未開，對佛陀所領悟的真理恐怕無法理解，佛陀也

因這層顧慮而對於弘法有所保留。但是，佛陀在面對波旬魔王誘惑，要佛陀遠離眾生馬上進入涅槃時，意志堅定的佛陀拒絕了魔王，足見佛陀具有憫念眾生的慈悲心。因此，梵天王來到佛陀的面前請求他廣播教義、教化眾生。梵天王說：「佛陀，要在智慧未開的人世間傳播真理，原是障礙重重、困難萬分，因為眾生捨本逐末、迷失本心時日甚久，但也因此眾生更需要救度，您已證得無上解脫妙法，就請您宣說教法普利有情。」經過梵天王的請求，佛陀以佛眼觀察這個世界，看到形形色色的眾生。他知道聰明的人會瞭解佛法，也能實踐佛法；但是，不聰明的人就會覺得佛法很難理解，也不容易實踐。佛陀最後做了決定——因人說法。依據對象，用最適當的方法將佛法傳播出去，如果依法修行，眾生就可以從病與苦中解脫。

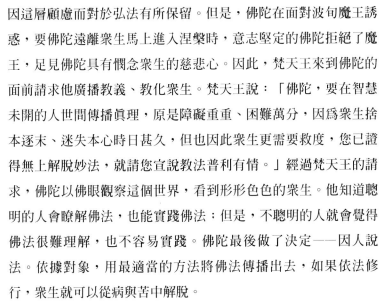

5 五比丘

在鹿野苑，佛陀第一次向五名苦行僧宣說四聖諦與八正道，五名苦行僧對佛法產生信心後，決定追隨佛陀出家，後來人們稱他們為五比丘。

五比丘

佛陀決定弘法度眾之後，首先便想向那五名曾經跟隨他的苦行僧傳授佛法，於是佛陀離開菩提迦耶，向波羅奈出發。路上他遇見了一個年輕的求道者優波迦。他見到佛陀莊嚴的法相，不禁產生敬意。當佛陀經過他的身邊時，優波迦問：「您跟隨什麼人出家？誰是您的老師？請告訴我吧！」佛陀慈祥地說：「我有許許多多的老師，他們教導我各方面的知識，但是卻沒有一位老師教導我證得真理。我不怕艱難困苦，經過多年的追尋，終於證得獨一無二的真理。如今我已沒有執著，也沒有偏見，得到了真正的智慧與自由，所以，我也可以說我就是自己的老師。現在我要到波羅奈去宣揚我所證悟的真理。」優波迦聽了佛陀的話，連聲讚嘆，做禮而去。

佛陀與優波迦見面，是他第一次向眾生宣布他已經悟道。優波迦是邪命教派的信徒，邪命教派是由末迦梨領導，他們相信：輪迴與解脫完全由命運所決定。所以，當優波迦聽了佛陀的話，在連聲讚嘆之後，隨即告別而去。他的這種做法，是可以理解的。

鹿野苑　佛陀初轉法輪

經過長途的跋涉，佛陀來到了波羅奈附近的鹿野苑，正是五名苦行僧修行的地方。

五名苦行僧，聽聞佛陀要到鹿野苑說法，他們相互約定，佛陀

到來大家就一同迴避，若來不及迴避，也要相應不理，不能聽他說法。因為即使已過多年，他們還是對佛陀放棄苦行接受須闍多的供養，感到十分不滿。當然這個時候，他們還不知道佛陀已經是一位大徹大悟的覺者。

遠遠地佛陀慢慢地走過來，他那莊嚴中帶著慈祥的相貌，深深地吸引了這五名苦行僧。他們忘了彼此的約定，紛紛走上前去向佛陀致敬，一個接過他的缽和外袍，一個忙著為他準備座位，一個端來一盆水讓佛陀洗腳，一個拿來一只腳凳，另外一個為佛陀遞上一條毛巾。他們真心誠意的禮拜佛，請佛陀為他們說法。

佛陀在鹿野苑住了三個月，為他們三轉法輪，宣說了四聖諦與八正道。聽完佛陀說的法，五名苦行僧中的憍陳如，最先明白佛陀的教義，得到解悟，當下便證得阿羅漢果。其他四名阿鞞、跋提、十力迦葉、摩訶男也都先後證得阿羅漢果。由於對佛陀的教義充滿信心，這五人都請求佛陀收他們為弟子，佛陀

佛陀小辭典

五比丘的名字是：憍陳如、阿鞞、跋提、十力迦葉、摩訶男。根據《普曜經》的記載，五比丘原本是郁頭藍弗的弟子。他們在喬答摩離開郁迦時，也跟著離開郁陀迦，追隨喬答摩。在這部經典中，五比丘又稱為一群賢者。

轉法輪：意思就是，弘揚佛法。在《轉法輪經》中記載了佛陀第一次說法的內容，佛陀強調要過中道的生活，避免極端苦行和享樂。此外，佛陀也闡述四聖諦的道理。

在《巴利律藏》中，也提到憍陳如要求佛陀為他剃度。佛陀回答：「來吧比丘！為解脫痛苦來接受佛法，過出家人的生活吧！」這就是最早的剃度儀式。

對這五個人說了句：「善來比丘。」五個人的鬍鬚與頭髮皆自然脫落，成為佛最初剃度的五位弟子，後人稱他們為五比丘。

至此世間三寶具足：佛寶即是釋迦牟尼佛，法寶即是四聖諦，僧寶則是五比丘，這也是僧團成立的尹始。

鹿野苑裡的善鹿王

佛陀為何會在鹿野苑初轉法輪，實則亦為因緣。

鹿野苑是波羅奈國一個古代帝王養鹿的地方。傳說佛陀在多生中曾發一願，為救度野鹿的苦難，化生為一鹿王，名為善鹿王，他的王國擁有五百隻鹿。另外，居住在鹿野苑的另一族群五百隻鹿，則由惡鹿王所領導。當時波羅奈國的國王是梵摩達，有一回梵摩達外出打獵，命隨從由四面八方將這片山林密密的包圍起來，他想將鹿群一網打盡。

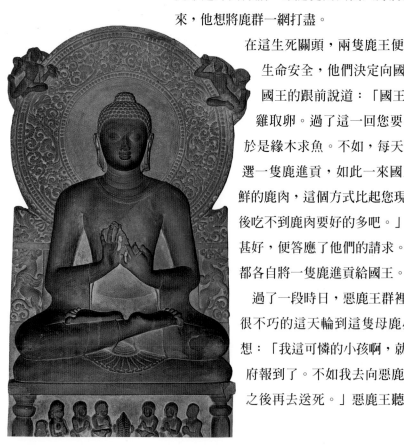

初轉法輪
即為轉梵輪，指佛陀初次說法。謂佛陀成道後為令眾生解脫，而宣說四聖諦法。

在這生死關頭，兩隻鹿王便相互商議，為了鹿群的生命安全，他們決定向國王請願。兩隻鹿王來到國王的跟前說道：「國王，您這般作法無異是殺雞取卵。過了這一回您要再嚐到新鮮的鹿肉，等於是緣木求魚。不如，每天就由我們這兩群鹿各自選一隻鹿進貢，如此一來國王您每天都可以吃到新鮮的鹿肉，這個方式比起您現在將我們趕盡殺絕，往後吃不到鹿肉要好的多吧。」梵摩達覺得鹿王的提議甚好，便答應了他們的請求。善鹿王與惡鹿王則每天都各自將一隻鹿進貢給國王。

過了一段時日，惡鹿王群裡有一隻母鹿懷了小鹿，很不巧的這天輪到這隻母鹿必須前去領死。母鹿心想：「我這可憐的小孩啊，就要跟隨著母親到陰曹地府報到了。不如我去向惡鹿王請求，將孩子生下來之後再去送死。」惡鹿王聽到母鹿的請求，毫不通

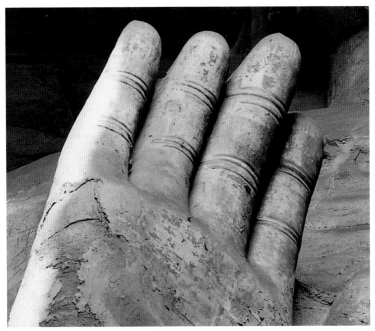

融的說：「每一隻鹿都愛惜自己的生命，妳要我選擇那一隻替妳先死？」母鹿憂傷的回到鹿群，爲了孩子輾轉反側，她想不如去求善鹿王吧？或許他有辦法可想。母鹿匆匆地來到善鹿王的跟前，向他不斷哀求。善鹿王見她淒苦的樣子很不忍心，便答應她的請求。但要選誰先去送死啊！有誰會不愛自己的生命呢？最後善鹿王決定自己前去領死。

　善鹿王走到王宮中的御廚裡，廚師們見到鹿王覺得很奇怪，馬上稟報國王。國王見到善鹿王便問：「爲何你親自前來，難道鹿野苑已經沒有其他的鹿了嗎？」鹿王向國王說明原委，這件事讓國王的內心起了大震動，他說：「你身爲鹿，我身爲人，你的做法卻讓我心生慚愧，自歎弗如，從今而後我不再吃眾生肉。」

　之後鹿野苑的鹿群沒有了生命的要脅，從此過著自由自在的生活。

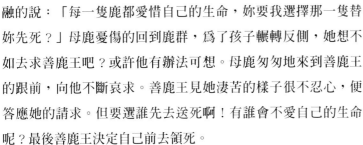

6 因材施教

耶舍能夠成為富豪的兒子是夙世的善因，因緣成熟福慧具足的他得到佛陀親自的教化，當下大徹大悟成就阿羅漢果。迦葉波三兄弟雖為外道，但充滿善根的他們為佛陀的善巧方便所折服，最後皈依佛陀成為佛的弟子。舍利弗與目犍連在佛教徒的心目中都是偉大的聖人，但其在皈依佛陀前乃屬於婆羅門教徒。

大富豪的兒子

在波羅奈城裡，有一個大富豪的兒子，名字叫做耶舍。耶舍含著金湯匙出生，每天過著極其奢華的日子，茶來伸手、飯來張口、夜夜笙歌，如此這般的生活過久了亦令人感到不奈。有一天，他忽然早起，見到前一晚上的杯盤狼籍，也見識到美女的本來面貌。對以往所見的一切突然感到厭煩，心中升起想要安靜、清淨的心。

因緣就是如此，一旦你想離世解脫就能夠擁有得度的機會。對塵世產生厭離的耶舍，正凝神的想：「該如何才能過清淨的生活？」忽然他見到一束光，這束光遠從城外的某處射向他的身心，被這道光所吸引的耶舍尋著光明而去，就這樣他來到了恆河邊上。在廣大的恆河邊上，耶舍聽到了一陣平和的音聲：「耶舍，你可以到河的對岸，這裡有離苦解脫的方法。」耶舍聽到這四平八穩的聲音，立刻提振起精神，飛躍渡河。來到河的對岸，他見到了相貌圓滿的佛陀，清淨莊嚴、威德具足。他身不由己的五體投地，對佛表示他最虔誠的意念，誠心誠意的希望佛能夠度化他。

慈悲的佛，答應了耶舍的請求，對著一心求法的耶舍說法。天資聰穎的耶舍聽了佛所說的法，瞭解到諸法皆空、世界上的一切都是苦空無常、無我的深妙道理。當下的他證得了法眼清淨。佛

看到了耶舍是可造之材，又對他說了四聖諦法門，而耶舍也不負佛陀的教導，立刻大徹大悟成就阿羅漢果位。耶舍請求佛為他剃度出家，佛說：「善來比丘！」耶舍鬚髮自落，世界上又添了一位清淨莊嚴的比丘。

耶舍的父親一天見不到兒子的蹤影，眼見太陽下山天色漸晚，一向孝順的兒子怎麼還未回家？於是擔心耶舍出事的爸爸親自率領著手下，順著城廓搜尋，一路來到恆河邊上。在恆河邊上看到耶舍渡河所遺留的一雙鞋子，心裡打個突，該不會出事了吧？心急如焚的父親忍不住高聲喚著兒子的名。佛陀聽到了這親情的呼喚，就叫耶舍暫避，以免沒有心理準備的父親見到兒子出家無法接受。

耶舍的父親看到坐在岸邊安詳的佛陀，語調充滿冀求地詢問佛：「偉大的人啊，您見到我的兒子嗎？他是個相貌俊偉的聰明孩子，我正在尋找他。」佛說：「如果你是來找兒子的，那就請你坐下來好好的聽我說。」佛對著耶舍的父親說起五大四陰、苦空無我的道理。耶舍的父親頓時心眼解開，身心獲得了

左圖：真如覺者
佛陀以法空觀，觀法空之後，所得的真如，叫法空真如，若觀諸法皆空，即得諸法真如。

上圖：臥佛像
一般橫臥著的佛像，人們就稱之為臥佛，一般都以右臥為多。佛經裏稱釋迦涅盤聖跡圖。涅盤是佛教的最高境界，是修行圓滿，是進入「不生不死」盡善至美的理想境地。這也是眾生皈依佛法後所追求的最高理想。

上圖：居士木刻雕像

佛經記載居士：一、廣積資財，居財之士，名為居士。二、在家修道，居家道士，名為居士。

自在。佛並且讓他皈依佛、法、僧三寶。耶輸伽父——耶舍的父親，便成為第一個皈依三寶的優婆塞弟子。

佛見時機成熟，就請耶舍出來與父親相會。耶輸伽父見到兒子已經成為一個清淨無比的出家比丘，心裡也感到莫大的安慰與歡喜。耶舍在波羅奈城裡結交了許多的好朋友，平時耶舍就有如他們的長兄，對這許多朋友多所照顧。耶舍出家的事情很快地傳到了這些朋友的耳朵裡，他們一行五十人相約來到恆河邊上探訪耶舍。實際上他們心裡都想著同樣一個問題——是誰讓這位聰明、有學問又富甲一方的兄長如此順服。佛陀知道今天是個好日子，又有許多人將可得到度化。來到恆河邊上的五十人，見到莊嚴圓滿的佛陀，心中有說不出的歡喜踴躍，究竟是誰令耶舍順服皈依的問題，早已得到消融。五十人同時跪下來禮拜佛並請佛為他們剃度出家。佛見到善根圓熟的他們就說：「善來比丘！」五十個人不但鬚髮自落，同時袈裟也自然披上身。佛亦對著他們說四聖諦法門，五十人也很有慧根的成就阿羅漢果。

能親自聽聞佛陀的宣說教化，是多麼的有福報啊！我們身處末法時代，善根力薄弱，若有機會親近三寶，除了珍惜難得的機緣，更應該精進學佛。

火婆羅門頭子

印度古老的教派中有一個派別名喚火婆羅門。這個火婆羅門是一個拜火的組織，火婆羅門的掌門人，是一個一百二十歲貢高我慢的長者迦葉波。佛陀這天心起一念，這迦葉波三兄弟時機與善根均已成熟，應該得度了。

佛來到老迦葉波三兄弟苦行的木瓜林，佛陀想著要教化這目空一切的長者，若不顯現神通無法令其意識到天外有天的境界。佛來到木瓜林的恆河邊上，走入恆河中，瞬時恆河之水由佛的腳下一分為二向兩旁迅速退開。當佛陀走入恆河時，遠方的老迦葉，

心生憐憫，不願見這年輕比丘在恆河上喪命。於是他命眾人划著小船來到佛陀身邊，想要救佛陀一命。來到佛陀近身處，大家忍不住瞠目結舌，因為他們看著這個年輕的比丘在劃開的恆河道中步履輕快的行走。老迦葉看著佛陀的神力，只說了句：「他雖神通廣大，但我所修行的道才是真道。」

佛，來到了老迦葉的面前，老迦葉對著佛說道：「你要上我的救命船嗎？」佛說：「好！」於是佛從船底湧入老迦葉的船上，眼見老迦葉的船底完好如初，其眾弟子們對這位年輕的比丘心裡是暗暗佩服。但老迦葉見此仍是一付嗤之以鼻：「他雖然神通廣大，但我所修行的道才是真道。」就這樣大家各懷心思的回到木瓜林。佛陀對老迦葉說道：「我可不可以在你的地方小住幾天？」老迦葉說：「你可以留下來，但是沒有地方讓你住了。」佛陀說：「我就住在後面的那個房間吧。」老

天女像
為佛像形態之一種。面容慈悲，呈女性豐麗之姿的菩薩與天部（如辯才天、吉祥天等。）

佛眼

佛陀具有肉、天、慧、法四眼，乃至任何無事不見、無事不知、無事不聞，聞見互用，無所思惟，一切皆見。

迦葉說：「好，沒問題。」老迦葉的弟子們憂心忡忡地看著年輕比丘，大家心裡都有些不捨，因為比丘所要住的房間，正是前些日子他們的師父收服的一條毒龍暫居之地。這些天毒龍正被關得不耐煩而到處惹禍，連老迦葉都對牠很頭痛，這年輕比丘會不會被毒龍吞噬啊？

當晚，佛陀來到毒龍的居所，毒龍一見有人過來，瞋怒心大發，口中噴出烈火與毒氣，齜牙咧嘴對著佛陀衝撞而來。只見佛陀不疾不徐一手托缽、口念真言，進入火光三昧，毒龍被這三昧真火燒得苦不堪言，不斷哀求佛陀饒了牠。佛見到毒龍已經順服不再有瞋念，就將其收在缽內，那知這條毒龍真具智慧與靈性，當下就將其頭貼在佛陀掌中，請求皈依。佛陀憫念毒龍改過遷善的上進心並見其具有慧根，即令其皈依三寶。從此成為護法天龍。

夜裡看見毒龍房裡烈焰衝天的老迦葉弟子們，沒來得及等到天亮就起來探望年輕比丘，他們心中祈禱著不要出事才好，但又深覺凶多吉少。待他們輕輕的開了門，卻只見這條毒龍乖乖的躺在缽裡，打著呼嚕，完全不具凶相就像隻馴服的小泥鰍。大家心中對這年輕的比丘無不充滿敬佩之意，但礙於老迦葉他們始終無法將讚嘆之情流露出來。只見道貌岸然的老迦葉仍是一句老話：「他雖然神通廣大，但我所修行的道才是真道。」毒龍事件之後佛陀為了教化老迦葉，又使用了十八次的神通妙力，直到老迦葉為佛陀「心通」所折服，不論老迦葉的起心動念有如電光石火，對於佛陀而言一個念頭一個想法，無不有條不紊清晰明白，令這驕慢的老迦葉五體投地。

老迦葉心想：「我所修行的祀火苦行，將來縱然升天，即便是到了最上一層無色界天，福報享盡，還是要落入三界之中受輪迴之苦，不如我隨佛陀出家修行，尋一個真正的離苦解脫之道。」心中議定，老迦葉對眾弟子說：「經我這些時日的觀察

與體驗，佛陀的修行實在遠超出我的智慧所能想像，今天我願意丟棄我近百年來修行所使用的道具、法器，從此刻起跟著佛陀出家修行。你們願不願意和我一起跟隨佛陀出家？」五百弟子無不歡喜踴躍的跟著佛陀出家修行。

再說，住在下游的老迦葉的兩個弟弟，迦耶迦葉、提那迦葉，在恆河流中看到了哥哥所使用的法器，心下惴惴不安，連忙派人到上游一探究竟。原來老迦葉與五百弟子皆已皈依佛出家修行了。兩兄弟在知道訊息之後商量許久，最後也下了一個明智的抉擇，帶著隨行弟子跟佛出家。因為大哥的智慧與道行一直以來都位居三兄弟上首，既然大哥做了如此的選擇，一定是經過考驗與深思熟慮才下的決定。後來，老迦葉三兄弟在受了佛陀的教化後依教奉行，個個都證到了阿羅漢果位。

在迦葉兄弟皈依之後，佛陀便用火作譬喻，作了一次「火」的說法。

佛陀說：「我們必須提防貪、瞋、痴三種毒火。因為這三種毒火在我們的心中燃燒，一定會使我們受苦，所以我們必須加以撲滅。這樣，我們才能夠解除痛苦，證悟真理。這三種毒火是苦的根源，是以自我為本。要滅除這三種毒火，必須先滅除以自我為本的執著。這個根本的我執一旦斷除，三種毒火才會被撲滅，人生的苦惱，也就自然地消除了。

一個人如果能夠避免過極端享樂或極端苦行的生活，就能撲滅貪欲之火；能夠培養慈悲心，就能撲滅瞋恨之火；能夠瞭解四聖諦，並修習八正道，就能撲滅愚痴之火。」

從火的說法中，可以瞭解佛教是重視精神而不重形式。如果一個人的內心充滿貪、瞋、痴，即使在恭敬尊崇祭祀儀式等形式上的崇拜也是徒然無用，這就是火的說法所要強調的重點。事實上，一般的宗教都強調道德的培養以及心靈的淨化。

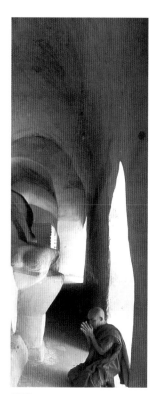

發願

凡諸佛菩薩，莫不發菩提心諸誓願，而成正覺，所以凡夫未成佛前當先發願。

佛陀小辭典

目犍連，在佛陀的眾弟子中不止智慧超拔並以神通力著稱。但最令人感佩的還是他的孝行。因為對母親的孝道讓他隻身前往地獄，救度受苦難的母親。直到今天，每年農曆的七月十五日佛教寺院大部分都會舉行一次盂蘭盆會（又稱水陸法會）誦念盂蘭盆經。法會具有雙重意義，一來是為紀念目犍連的孝心，二來是藉由法師超薦，讓我們累劫累世的冤親債主與父母親屬能夠往生佛國淨土。

右圖：佛陀立姿像

佛陀被稱為覺者的人，必須具有三個條件，即自覺、覺他、覺行圓滿，缺一就不可以被稱為覺者。

舍利弗與目犍連

舍利弗意為鶖鷺，眼睛犀利目光如電。舍利弗的母親因為雙眼銳利人稱舍利，而舍利弗這個名字就是依著母親的名字而來。舍利弗的智慧以現代人的語彙而言就是「資優生」。七歲已是精通印度智書、十八經、四章陀典，並且辯才無礙。曾經在一場辯論的講台上，舍利弗一人以滔滔雄辯擊敗一十六名大論師，七歲的舍利弗從此名滿天下。舍利弗有一知交好友名喚目犍連，兩人都是婆羅門教徒，在追求道的路上他們彼此相約無私的分享。

有一天，舍利弗在路上遇到了馬勝比丘，舍利弗不禁為這舉止莊嚴的比丘吸引了目光。

他心想：「這樣好的相貌與舉止行儀，是誰教得了？他到底有著什麼樣的師父？」舍利弗謙和的問起：「請問您是誰？您的師父是誰？他都教您什麼樣的法門？」馬勝比丘回答著：「我法號馬勝，是釋迦牟尼佛的弟子；師父教我的法門是——諸法因緣生，緣滅法亦滅，我佛大沙門，常作如是說。」舍利弗一聽，對於因果緣起，有了另一番通徹的瞭解。

回家後目犍連見到舍利弗一副喜不自勝的樣子即問：「你今天又有什麼樣的了悟？」舍利弗回應了馬勝比丘的四句偈：「諸法因緣生，緣滅法亦滅，我佛大沙門，常作如是說。」目犍連聽了這四句簡單的偈子感到無比歡欣，他們心下都對馬勝比丘的師父充滿嚮往。當下他們就決定捨棄刪闍耶的法理，帶著門下二百名弟子投身於佛陀門下。

佛說：「善來比丘！」眾弟子們鬚髮自落，袈裟此時立即著身。佛陀對他們說起色、受、想、行、識五陰，都是苦、空、無常、無我的種種法教，二百人當下得到了悟，依教修行，成就阿羅漢果。

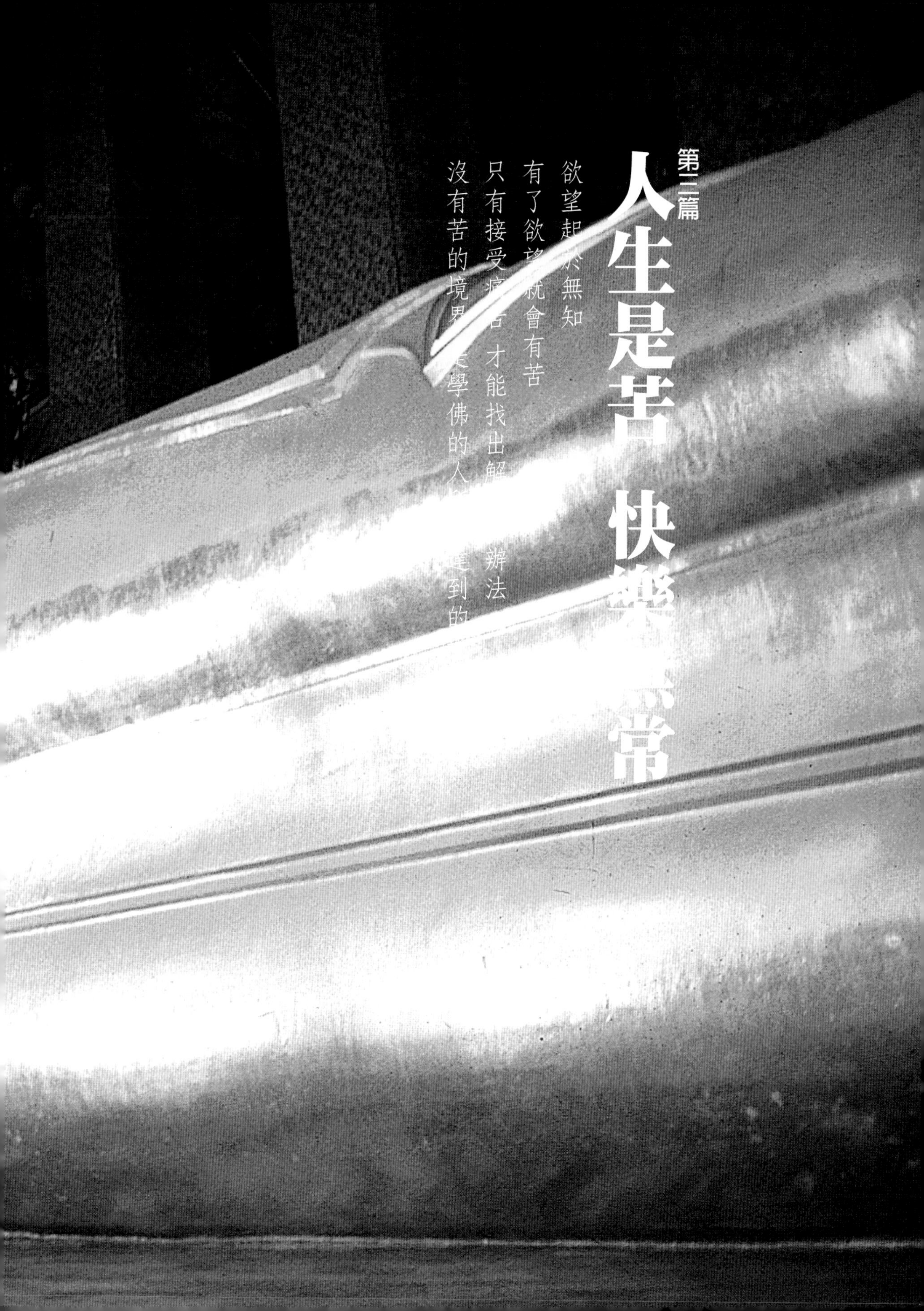

第三篇

人生是苦 快樂無常

欲望起於無知
有了欲望就會有苦
只有接受痛苦 才能找出解決辦法
沒有苦的境界是學佛的人想達到的目的

1 人生實在苦多於樂

上圖：眾生憂受

在五受中稱為憂受，二十二根中稱為憂根。此損惱不悅之心，僅與意識相應。唯識論另一說：受逼迫之輕微者為憂，重者為苦。憂根僅限在欲界，不存在色界、無色界中。

人生是痛苦的。生理上的痛苦有生、老、病、死四苦，而且每個人都得承受。精神上的痛苦有與所愛的人分離、與不喜歡的人見面，以及得不到自己想要的東西。佛陀既不悲觀，也不樂觀，他只是要人們以客觀的角度觀察人生的真相，並且要勇敢的去面對現實。

人生在世苦多於樂

苦諦，就是苦的現象，我們只要看看這個世界，便會發現一切的現象是苦多樂少，而且這種苦是任何人都無法避免的。苦有兩種：一種是生理上的痛苦，一種是精神上的痛苦。佛陀在其身為太子時觀察了老、病、死的景象之後，即極力的思索著造成這些痛苦的原因，然後毅然決然地找出斷除痛苦的方法。

或許會有某些人因為佛法開宗明義就談「苦」，而認定佛陀是個悲觀主義者。其實，佛陀既不悲觀，也不樂觀，他只是要人們以客觀的角度觀察人生的真相，並且要勇敢的去面對現實。在瞭解人生的苦相之後，找出一個人可以斷除痛苦的方法。人生有苦是大家都明白的事實，但人們就像是一個多種病症在身的人，仍固執地說自己沒有病，但堅稱自己沒病並不表示真的沒有病，這只說明了人在逃避現實。而無知或沒有勇氣可能使病情更加沉重，所受的痛苦也會相對的更多。

如果我們仔細觀察各種事物，便可以看出共同性與普遍性。同樣的佛陀在觀察人生的種種苦相之後，發現苦是人生的普遍現象。不管是精神上或生理上的痛苦都是普遍而無法避免的。

生老病死的苦

人生在世僅短短的數十餘載，但卻沒有一個人能夠避免生理上的痛苦。人的身體是眾苦的根本，所有的苦惱與痛苦都必須由這個身體去承受。每一個人不論大、小都有生病的經驗，我們的身體地、水、火、風四大不調就會百病叢生，單一顆牙痛起來就要人命，更遑論長年病痛、受盡折磨，到最後真是求生不能求死不得。所以，病中的痛苦若無親身體驗，是無法以言語、文字來表達的。隨著年紀的增長，視茫茫、髮蒼蒼，齒牙動搖，即使沒有身染重症，但年老體衰就足以令人舉步艱難、寸步難行。生理上的痛苦沒有任何人能夠代替的了，為人子女只能眼看著雙親逐漸

佛陀小辭典

四諦是梵文 Catvari aryasatyani 的意譯。「諦」是真理。因為這些真理能幫助我們追求崇高的宗教理想，所以稱之為四聖諦。

第三篇　人生是苦 快樂無常　66

佛陀小辭典

苦、集、滅、道合為四聖諦，是佛教的基本教義。佛陀在波羅奈鹿野苑向五名比丘第一次說法就提出了四聖諦。佛陀弘法四十五年，一而再地向弟子解說四聖諦的道理，希望弟子在明白正確的修行法門以後，能夠實踐，以達到大徹大悟、自由自在的境界。

只有因，不能產生結果；只有緣，也不能產生結果。必須因緣和合，方能產生結果。例如種子為因，雨露、農夫等為緣；藉此因緣和合而產生了米。

衰老：子女生病時，雙親也只能看著孩子受疾病的折磨，卻無法分擔病痛。乃至於死亡，更是任誰都無法預測與替代。

每個人都有父母眷屬，一旦生離死別，無不哀痛。佛陀曾問弟子道：「人命在幾許？」有的答：「旦夕間。」佛陀說：「不對！」有的則應道：「飯食間。」佛陀說：「不對！」佛陀再問，終於有人回答：「呼吸間。」人到底有多少壽命，一個呼吸不過來，命即休矣。夫妻是緣，因緣相會；兒女為債，無債不來。如果我們都能將這個道理看得明白，心中自然踏實許多。佛經有云〈是日當過，命亦隨減，如少水魚，斯有何樂。大眾當勤精進，如救頭燃，但念無常，慎勿放逸。〉既然每個人都會經歷老、病、死的過程，就應該認清人生真相，瞭解到這些痛苦是不能避免的，並且勇敢地去面對。

從前，有一個名叫翅舍憍答彌的婦人，因為唯一的兒子死了，極度悲傷的她幾乎瘋了。她抱著死去的孩子，挨家挨戶地哀求，希望有人能夠救活她的兒子，但是任誰也無法辦得到。佛陀的弟子看到了這個情形，便勸她去向佛陀求助。翅舍憍答彌懷抱著希望將兒子抱到佛陀的跟前時，佛陀望著她的孩子，誠懇的說：「我可以把你的孩子救活，不過我需要一些芥子用來救活這個孩子。你去向那些從來沒有辦過喪事的人家要四、五粒芥子吧！」婦人聽了佛陀的話，便到處去找沒有死過人的家庭。經過多日的奔走，疲累不堪的她仍是一無所得。這時，她終於明白死亡是不可避免的，於是接受了孩子死亡的事實。不久以後，她也成為佛陀的弟子。

精神上的痛苦

人除了要承受生理上的痛苦以外，還要承受精神上的痛苦。與喜愛的人分離了，會覺得痛苦；與不喜歡的人見面了，也會覺得痛苦；得不到自己喜愛的東西，同樣會感到痛苦。年輕人的放

逸、奢侈遭受父母的管束，會令他們感到痛苦。世人拚命追求財富、名譽與地位，得不到就苦，甚至對生活與自己失去信心。可見人只要有了欲望，就會產生痛苦。如果沒有欲望，就不會有痛苦。

快樂是短暫的

佛陀雖然經常告訴人們，人生是痛苦的，但是佛也不否認人生有快樂的一面，如家庭的溫暖、朋友的關懷、身體健康與心境平和的快樂，但這些快樂並非永恆的，當快樂消失時，人們就會感到痛苦。會痛苦，是因為不明白快樂是無常的道理。

譬如有人在湍急的河中划船，當他沉醉在溫暖的陽光、怡人的景色，卻忘記了在急流中存在翻船的危險，等到危險發生時，後悔已經太遲。如果在他在盡情享樂的時候，另外有人在岸邊提醒他要小心，而他也接受了勸告，小心謹慎的行船，這樣或許一定

佛陀小辭典

苦、集、滅、道的因果如下：
世間因果——苦諦是果，即是苦
的現象；集諦為因，而欲望與無
知是產生痛苦的因。
出世間因果——滅諦是果，即是
苦滅的境界；道諦為因，八正道
是斷除痛苦的因。

右圖：證果

小乘證得佛果，緣覺果及聲聞之四
果；大乘證得初地乃至等覺十一地
菩薩之分果。

能夠避免掉翻船的悲劇。許多人就像划船者一樣，忘了河水湍急，就像耽溺於欲樂的享受，而忘記了人會衰老、生病和死亡的事實。一旦受到疾病、衰老和死亡的侵襲，才後悔自己不曾做過有意義的事，可是一切都已經來不及了。佛陀就是那個在岸上的人，時時刻刻提醒弟子，要認清楚自己的處境，設法解除痛苦。

又譬如一個人在獲得財富、名譽和地位的時候，就會感到快樂，但卻又時時擔心會失去它們；一旦失去一切就會感到痛苦。可見有了快樂，人們都想永遠擁有，而這就是一種執著。享樂的生活是短暫的，人在面臨老、病、死的時候，一定會感到痛苦，就好像觀賞電影可以得到暫時的歡樂，但是，曲終人散，又得面對現實。所以佛陀勸人們不要逃避現實，要勇敢地面對它，只有瞭解人生的真相和痛苦的原因，才能找出解決的辦法。

我們要知道，眾生都是隨業因而感受到因果。苦有千千萬萬、無量無邊，不管時代怎麼進步、變化，人生的基本問題——老、病、死依然存在；人們還是被貪欲、瞋恨與無知所矇蔽，仍然生活在痛苦中。千人千種苦，無人能代受。社會的進步，工業、商業、科技與醫療的發達甚至政治環境的千變萬化，我們身處的世界越來越幻化，越來越令人目眩神迷。現代人所受的苦似乎越來越不堪，要解決這些痛苦，我們更需要依止佛法、實踐佛法，讓佛法帶領著我們走向解脫之道。

2 欲望和無知是苦因

要解除痛苦，必須找出產生痛苦的原因。欲望和無知，是造成痛苦的兩大原因。欲望驅使人們去追求享樂與滿足，如果不能克制欲望，將會造成種種痛苦。欲望起於無知。無知是對事物的真相沒有正確的瞭解。而努力修習禪定，啟發智慧，就能斷除欲望和無知。

欲望　無知與痛苦

　　許多小孩都有牙痛的經驗，如果繼續吃糖果，又不按時刷牙，那麼，牙齒就會痛得更厲害。如果孩子們都知道造成牙痛的真正原因，並且能夠克制自己愛吃糖果的欲望，再加上看醫生和勤於刷牙，牙痛的問題自然可以解決。同樣的，人們需要瞭解問題產生的原因，才能避免問題所衍生的痛苦。

　　一名良醫，治病前，必定先觀察病人的病徵，找出病因，然後對症下藥，這樣的診療流程，才能讓病人很快復元。佛陀就像一名良醫，他在尋求解脫人生痛苦的方法時，是先觀察人生病的現象，找出痛苦的原因，最後再針對痛苦找出解決的方法。造成人生痛苦的原因是什麼呢？佛陀說是欲望和無知。這

佛陀小辭典

禪定：禪是梵語禪那的簡稱，漢譯為思惟修，欲界中人欲離煩惱，以思惟研修為因而得定者，名思惟修；定是梵語三昧的譯語，是止心於一境而離散亂的意思。即一心研修為禪，一念靜止為定，合稱禪定。

就是集諦——苦的原因。

人們有追求物質享受的欲望。講究吃喝、重視玩樂、追求物欲的滿足。但事實告訴我們，這一切都是短暫的。好吃的食物，天天吃，總有一天會令人厭倦；狂歡以後，往往使人更空虛更無聊。當人們不明白這些道理，反而逆向操作更努力地去追求另一個滿足，甚至爲了尋求刺激，而染上酗酒、吸毒的惡習，結果就是造成更大的痛苦。人的欲望是永遠不會滿足的，正如一個人在百貨公司裡，看到琳瑯滿目的東西，件件都好，樣樣都要。如果得不到想要的東西，便會吃不下、睡不著滿腦子都想著該如何去獲得，這就是一種痛苦。得到想要的東西，是可以讓人得到短暫的快樂和滿足，但是煩惱也會跟著來到，因爲有了想要的東西就會開始保護這些東西，操心寶貝要放在那裡才會比較安全比較合適；如果是心愛的東西破損、遺失就會萬分不捨深深痛惜；或者時日一久，失去了新鮮感，那顆想要追求新鮮感的心又再燃起，一個循環又一個循環，接連不斷，那痛苦又產生了。

欲樂的享受是由於我們的感官眼、耳、鼻、舌、身接觸到外界美好事物而產生的。內心的享受，則是由於心識（意）和意念的接觸而產生。眼、耳、鼻、舌、身是接觸色、聲、香、味、觸的感覺器官，意（心識）有分辨意念的作用，而且能夠影響每一個感覺器官。當某個感覺器官接觸到一個物體時，心識就產生了，同樣也會造成痛苦。爲了滿足無窮的欲望，人們不擇手段以達到目的，於是社會上欺詐、偷盜、搶奪、綁票、利益輸送的問題便層出不窮。一個人的欲望如果受到阻礙，就會產生瞋恨的心念，由瞋恨而發展成爭吵、鬥毆、殺傷、破壞的行爲，這不但會使自己或別人受到痛苦，也會使社會紊亂不堪。因此，人們如果不知克制欲望，將會使自己陷於痛苦之中，無法自拔。

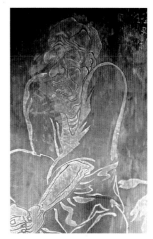

阿羅漢
小乘極悟果位名。解釋有三：一、殺賊。殺煩惱賊之意。二、應供。當受人天供養之意。三、不生。永入涅槃不再受生死果報之意。

上圖：三身業
十業道中身業之三種：一淫業，二
盜業，三殺業。

右圖：佛陀三身遍相
一、法身如虛空遍謂法性之身。本
體周遍，如大地虛空，沒有障礙，
故名法身如虛空遍。二、智身如日
光遍智身即自報之身。能遍及破昏
暗無明顯現真身，故名智身如日光
遍。三、色身如日影遍以身即應
身，譬如日光之影，不擇高下，隨
處映現，故名色身如日影遍。

無知是痛苦的成因

　　無知就是不瞭解真理，不知道事物的本來面目，而在心理上產生無以名狀的恐懼和猜忌。對科學毫無認識的人，看到閃電、打雷會感到害怕；看到彗星殞落，則將之歸於不祥的徵兆，這些都是不瞭解事情的真相所造成的。從科學的角度來看，有些聲音是人們的聽力無法聽到；有些頻率是人們沒有辦法以肉眼看到的。當這些特殊的儀器還沒有被發明以前，人們並不知道有聲波、紫外線的存在，這也是無知。這種無知使人產生一種自我存在的觀念，造成了「我」的分別，也導致了主觀與客觀的對立。這種界線的明確劃分，產生的是貪婪、瞋恨、嫉妒、驕傲的心態。

　　同樣的，人們不瞭解人生的真相，不知道欲望是永遠不能滿足的，而仍不擇手段地去追求，這也是無知。無知的結果就是痛苦，所以無知是造成痛苦的基本原因。為了要滅除痛苦，我們先要滅除無知，因為無知是欲望、貪婪和瞋恨的根。雖然一個人可以因為不執著而沒有欲望，藉著布施不再貪婪，培養慈悲來杜絕瞋恨，但是，無知若不為智慧所破除，欲望和瞋恨還是會再產生。這就是「斬草不除根，春風吹又生了」。

　　智慧需要培養，通過聞、思、修就可以獲得。「聞」是指閱讀和聽聞有關因果、無常、苦、無我和四聖諦的道理。這些道理要經過進一步思考即是「思」，然後再從禪定中體悟事物的真實性這就是「修」。佛陀要我們認清事物的真相，對事物有正確的瞭解，努力修習禪定，啟發我們的智慧，瞭解人生的痛苦，以及無常和因果的道理。當欲望和無知被征服以後，人們自然就能夠大徹大悟，身心都獲得最大的自由。

3 消滅痛苦的方法

佛陀告訴他的弟子，滅苦的方法就是修行八正道。八正道是指正見、正思惟、正語、正業、正命、正精進、正念和正定。

中庸之道

佛陀出家以前雖然享盡人間的榮華富貴，但是他發現，在這樣的生活環境裡，並不能使他真正的瞭解生活的意義，於是他毅然離開王宮，出家修習苦行。後來佛陀又發現，修習極端的苦行，並沒有辦法幫助他找到真理，相反的，還差一點斷送了自己寶貴的生命。於是，他終於明白極樂與極苦的生活，都不能使他證悟真理。於是，他改變方針，放棄苦行，修習中道，最後才證悟真理。

佛陀三十二相
一、足安平相。二、千輻輪相。三、手指纖長相。四、手足柔軟相。五、手足縵網相。六、足跟滿足相。七、足趺高好相。八、如鹿王相。九、手過膝相。十、馬陰藏相。十一、身縱廣相。十二、毛孔生青色相。十三、身毛上靡相。十四、身金色相。十五、身光面各一丈相。十六、皮膚細滑相。十七、七處平滿相。十八、兩腋滿相。十九、身如獅子相。二十、身端直相。二十一、肩圓滿相。二十二、四十齒相。二十三、齒白齊密相。二十四、四牙白淨相。二十五、頰車如獅子相。二十六、咽中津液得上味相。二十七、廣長舌相。二十八、梵音深遠相。二十九、眼色如金精相。三十、眼睫如牛王相。三十一、眉間白毫相。三十二、頂肉髻相。

佛陀以三弦琴來比喻三種不同的生活：極端極樂生活，令人精神萎靡不振，好像鬆弛的琴弦，彈奏時，琴聲軟弱無力；極端苦行的日子，使身體受苦，損害健康，好像繃緊的琴弦，彈奏時，琴聲尖銳刺耳，一不小心，還有斷弦的可能，弄巧成拙；中道的生活不偏不倚，就如那調度適中的琴弦，彈奏起來，不但琴聲和諧，而且悅耳動聽。所以想證得真理，一定要循著中道避免過極端的生活。

滅苦的方法

當佛陀發現人生的痛苦是來自人的無知和欲望的時候，便提出八正道（道諦）來改正人們不良的思想、言語和行為，以解除人生的痛苦。修行無漏聖法叫做正，能通涅槃叫做道，而八正道就是「正見、正思維、正語、正業、正命、正精進、正念、正定」。

正見就是：正確的認識宇宙人生的真相，走向正道；對四聖諦要有正確的瞭解；深信「種瓜得瓜，種豆得豆；行善得善報，作惡得惡果」的因果道理。

正思惟就是：指生起純正的念頭，不起攀緣心生貪婪、瞋恨等等惡念。

化佛
佛陀對地前菩薩等所應現的種種身；或應機緣化現之佛形式。《觀無量壽經》：於圓光中，有百萬億那由他恆河沙的化佛——化佛亦有眾多無數化菩薩以為侍者。

正語

正語就是真誠溫和的語言。我們說話必須誠實、溫和，不說沒有意義的話，也不說謊、咒罵、搬弄是非，要說對人有益的話，但我們也要瞭解到口說好話並非鄉愿，其中的界定必須要劃分清楚。

正業是指：保持良好的道德行為，對工作全力以赴，忠於職守，堅定崗位，而且不傷害生命，不偷竊他人的財物，不做違背道德的事。

正命是指：正當的職業。所謂正當的職業必須是合法、合情、合理的，也必須是對自己、對他人都沒有傷害的，最好還能做到對他人有益。

正精進在佛學上是指以堅定的意志，努力不懈地向好的方面去修行。這就是「制止惡行，進修善行」的意思。

正念就是指：保持清醒的意念，時時刻刻注意自己的思想、言語和行為，不讓思想、行為有任何的偏差。

正定就是修行禪定，把念頭集中在一個目標上，使精神專注，心境平和，進而啟發智慧，對事物有更明確的認識；如此身心清淨才能進入無漏的境界。

印度當時有個邪命教派的教主，末迦梨拘賒梨子他提倡「宿命論」。但是佛陀告訴人們不要受命運的主宰，也不主張人們仰賴神的力量卻自己不作任何努力。佛陀他所教導的是：證悟真理是個人努力所得的成就。佛陀認為道的關鍵在於「心」；平常人的心就像是一隻蝴蝶，四處飛舞，沒有一刻可以停留下來。正念卻能使人心不受外境的干擾，為正定作好準備，而正定則能使人清淨、快樂，獲得無上智慧。

戒、定、慧

八正道可以歸納為戒學、定學與慧學

正語、正業、正命為戒學，這是基本道德的修養

正精進、正念、正定為定學

正見、正思惟為慧學，定學與慧學都是智慧的發展

總之，修行八正道，可以使我們對生活抱持正確的態度，使人生的品質、品德更完善，使人生更美好。法輪代表著佛法，輪中的八輻，就是代表八正道。佛教徒在祝禱時都會祈禱法輪常轉，就是希望正法常存。

上圖：金剛杵
印度古代傳說，有位欽酪的仙人，死後骨頭變成了金剛骨，帝釋天用它製成金剛杵作為兵器。密教則用它來代表堅固鋒利之智，可斷除煩惱、除惡魔，代表著佛智、空性、真如、智慧等。

右圖：佛陀饒益有情發心
佛陀起慈悲心，憫念世間一切有情眾生受生死苦，即發心修行，願拔其苦而與其樂。

第四篇 佛陀回鄉 為族人說法

一個人不作惡 能行善
今生來世都可以得到福報

1 竹林精舍

頻婆娑羅王皈依佛之後,將竹林獻給佛陀,
作為佛陀弘法及修行的地方。
竹林精舍就成為出家人長期居住在固定地方的開始。

頻婆娑羅王的皈依

　　佛陀離開了苦行林,來到王舍城,便和弟子們住在棕櫚園裡,這時佛陀已經是一位著名的導師了。

　　頻婆娑羅王聽說佛陀回到王舍城,非常興奮。他想起以前與佛陀相會的情景,便帶領大臣和數百名侍衛去見佛陀。

　　一行人來到棕櫚園,不但見到佛陀,也看到迦葉三兄弟。他們都知道迦葉是當時非常有名的修行者,現在三兄弟與佛陀在一起,到底誰是老師呢?頻婆娑羅王和他的大臣頓時感到非常的困惑。這時,迦葉很開心地告訴王公貴族們,三兄弟都已經

上圖:布薩
出家僧伽,每半個月(十五日與廿九日或三十日)集眾僧並說戒經,使比丘安住於淨住戒中,能長養善法;在家眾居士,於六齋日持八戒以增長善法。

右圖:輪王髻寶
輪王比喻如來,髮髻喻二乘權教,寶珠喻一乘實理。

放棄拜火道，並且拜佛陀為師了。

　　疑團解開之後，佛陀便向他們說了布施和行善的好處，以及耽溺於欲樂享受的壞處，還有四聖諦的道理。頻婆娑羅王和他的大臣明白了佛陀的教義以後，便請求佛陀收他們為在家弟子。頻婆娑羅王說：「我年輕的時候，就希望成為國王，現在這個願望實現了。我曾經希望佛陀成道以後，能來到我的國家，讓我有機會親近佛，聽他說法，現在這個願望也實現了。現在我想請求佛陀接受我，讓我成為佛的弟子。」

　　第二天，頻婆娑羅王恭請佛陀及佛的弟子們到宮裡去吃早餐。國王親自招待佛陀，並請求佛陀長期住在王舍城，他還表示要為佛陀找一個寧靜的地方，讓佛陀和弟子們修行及說法。最後他認為城外的竹林是個最理想的地方，便把它獻給了佛陀，於是佛陀與僧團便有了固定居所。頻婆娑羅王對佛教的貢獻非常大，因為自從他捐獻了竹林精舍之後，僧侶們的生活方式有了明顯的改變。

　　早期，僧侶都四處雲遊，後來，寺院的組織漸趨健全，經濟也漸漸穩定，成為學習佛法的中心。當時，除了頻婆娑羅王和王妃支持佛教之外，憍薩羅國的波斯匿王和王后末利夫人也是佛教的忠心支持者。在這種風氣影響之下，許多貴族們也都支持佛教。

　　佛陀與頻婆娑羅王的會面具有重大的意義，這是佛陀與摩竭陀國的統治者之間密切關係的開始。雖然頻婆娑羅王的兒子阿闍世起初並不喜歡佛陀，後來卻改變態度，成為佛陀的信徒。約兩個世紀之後，摩竭陀國的阿育王對佛教的貢獻更大，他不只在印度弘揚佛法，甚至把佛教擴展到國外。

佛陀小辭典

佛陀具有各種聖德，因此世人尊稱他為「世尊」。

戒律是佛教徒道德生活的條規，譬如不殺生、不偷盜等。

頭陀就是修習苦行的修行人。

一般王室支持佛教的方法是捐獻土地和建立寺院，頻婆娑羅王捐出竹林精舍，是王室支持佛教的開始，這種風氣持續了幾個世紀。當時印度信奉佛教的國王，都盛行捐出土地、建寺院或佛教大學，其他信仰佛教的國家也受到這種影響。

大迦葉的皈依

王舍城裡有一個非常有錢的人，名叫大迦葉，又稱摩訶迦葉，屬於婆羅門種姓。他擁有許多黃金、房子、牛群、田產和僕人，雖然富甲一方，大迦葉卻覺得生活沒有意義，於是他決定放棄一切，出家修行。

大迦葉花了一年的時間，到處去尋找一位理想的宗教師，卻毫無結果。有一天，在前往王舍城的路上，他遇見了佛陀。看到佛陀莊嚴的外表，他馬上知道佛陀是一位證悟真理的覺者。他對佛陀充滿信心，立刻向佛陀頂禮，說：「世尊，請您做我的導師，接受我成為您的弟子吧！」

佛陀馬上為他剃度，然後說：「大迦葉，你必須用戒律來約束自己。在思想、言語和行為方面都必須謹慎，不犯任何過錯；在修行的過程中，要意志堅定，頭腦清醒。」

大迦葉尊者遵照佛陀的指示，非常努力地去修行。短短的八天，便證得阿羅漢果。他的德行高超，知足少欲，在修行方面非常認真，有頭陀第一的稱號。佛陀對大迦葉尊者的嚴守戒律以及在禪定上的成就，讚不絕口。佛陀更讓大迦葉尊者協助指導其他的比丘修行。

佛陀圓寂時，大迦葉正在前往拘尸那城的途中，不在佛的身邊。當時有些出家人聽說佛陀入滅，都非常高興，因為他們認為從此再也沒有人可以管束他們。於是，大迦葉認為有必要把佛陀說過的佛法紀錄下來，讓佛陀的法教可以流傳；所以，他成為第一次結集佛法的領導人。

上圖：佛足石
佛陀足掌印，又稱佛腳石、佛足跡。相傳見佛之足跡而恭敬禮拜者，如同禮拜生身佛，可滅無量罪障。一般常見者為左右雙足，但也有以單足表現者。
佛足下五足指端有卍字文，相次各有如眼，又指間各有上下有通身文，大指下有寶劍，又第二指下有雙魚王文，次指下有寶花瓶文，次傍有螺王文，腳心下有千輻輪文，下有象牙文，上有月王文，跟有梵王頂相文。

右圖：雲岡石窟釋迦牟尼大佛
雲岡石窟為中國佛教藝術發展的轉捩點，佛教藝術造像風格，實現了前所未有的融匯貫通了印度及中亞佛教藝術。

2 佛與王

佛陀決定回鄉，讓釋迦族人有機會接受佛法。佛陀與淨飯王的對話，使淨飯王明白，佛陀的心境是平和的，精神沒有束縛。佛陀在對釋迦族人說法時，要他們努力修行佛法，多做善事，不做壞事。

佛陀回鄉

釋迦族人知道佛陀在王舍城傳播佛法以後，便向淨飯王報告，並建議由車匿和太子的好友優陀夷去邀請佛陀回鄉。淨飯王接受了族人的建議，但他要車匿和優陀夷絕對尊重佛陀的意願，不可強求。

不久，車匿和優陀夷相約使來到了竹林精舍。祈請佛陀為他們說法，並鼓勵他們出家修行，於是兩人同時加入僧團，在王舍城住了下來。

過了些時日，優陀夷記起了淨飯王交付自己的任務，於是轉告佛陀，淨飯王是如何地想念他，希望他能回鄉宣揚佛法，佛陀認為時機到了便答應回返迦毗羅城。

佛與王

佛陀和弟子們離開了王舍城，向迦毗羅城出發。回鄉以後，他們就住在榕樹林裡。

上圖：度化轉輪王

轉輪王，為世間第一有福之人，於人壽八萬四千歲時出現，統轄四天下。有四種福報：一、大富，珍寶、財物、田宅等眾多，天下第一；二、形貌莊嚴端正，具三十二相；三、身體健康無病，安穩快樂；四、壽命長遠，天下第一。轉輪王出現時，天下太平，人民安樂，沒有天災人禍。此乃由過去生中，多修福業，可惜不修出世慧業，所以僅成統治世界有福報之大王，卻不能修行悟道證果。

右圖：孔雀寶傘

古印度時，貴族、皇室成員出行時，以傘蔽陽，後演化為儀仗器具，寓意為至上權威。佛教以傘象徵遮蔽魔障，守護佛法。藏傳佛教亦認為，寶傘象徵著佛陀教誨的權威。世界宗教博物館珍藏「孔雀寶傘」是世界僅有的四件之一，不僅顏色鮮豔美麗，做工精緻，據說是十三世達賴喇嘛的用品。

淨飯王聽說佛與弟子們已經來到，立刻帶了隨從去見佛陀。淨飯王乘坐馬車，一出城門，便看見一群比丘正在乞食——他們都剃光了頭，穿著破舊的僧衣。淨飯王得知他們是佛陀的弟子後，非常失望地說：「如果我的兒子沒有出家，他一定是萬王之王，受到天下人的敬仰。現在他居然讓弟子們沿街托缽乞食，我真是為他感到羞愧。讓這群人回去吧，我不想見到他們！」淨飯王失望之餘取消了見佛陀的念頭，轉道回宮了。

聽到這個消息，許多年長的比丘都要求佛陀讓他們去勸導淨飯王，使他回心轉意。佛陀同意了，便派一向受到淨飯王尊敬的優陀夷前去。

在王宮裡，優陀夷將佛陀的種種成就告訴淨飯王，淨飯王非常感動，便下令全國人民跟他一起去榕樹林見佛陀。

佛陀知道釋迦族人一向驕傲，如果不能確定他已經證悟真理，族人一定不會聽他說法。於是，當這些人走近榕樹林時，佛陀便飛到空中，施展「雙變神通」。他先使自己的下半身冒出火焰，上半身噴出水花；又使下半身噴出水花，上半身冒出火焰。釋迦族人看到佛陀施展「雙變神通」，對他佩服得五體投地，淨飯王更是激動，一夥人立刻向佛陀致敬。

在佛經中，有許多地方提及佛陀施展神通，如盤腿在空中飛行，用手碰觸月亮等等。佛陀能夠獲得神通，是他多年修行和證道的結果，這一點在《沙門果經》裡說得很清楚。雖然佛陀有時會運用善巧，以神通教化眾生，但是佛陀並不主張施展神通。佛陀認為神通並不是萬能的，在因果的原則下，眾生的生死禍福，都是決定於過去生的善惡業力。神通的功用雖大，卻不能改變因果的原則。佛陀座下的大弟子，多數具有神通，佛陀卻不允許他們任意在世人面前施展。

淨飯王很關心兒子，很想知道享受慣了的兒子，如何能忍受清苦的出家生活，於是他問佛陀：「在出家前，你穿的是細毛編織

上圖：佛陀唐卡
下圖：天王下凡
欲界六天之最下層天，在須彌山半腹之四方，此天王主有四人，謂之四大天王：東方持國天王，南方增長天王，西方廣目天王，北方多聞天王。

聖觀音塔林

靈鷲山山頂的「聖觀音舍利塔林」共一百零九座，塔內皆供奉各種聖物。主塔頂上「十一面觀音」是密教「千手千眼觀音」的造型，代表千手千眼護持群生之意。周圍一百零九座塔，代表降伏一百零八種煩惱，成就一百零八種功德。

塔林右側是台灣最東邊的三貂角燈塔，左側是最東北邊的鼻頭角燈塔。由於所在位置是附近群山之至高點，視野極佳，在此建塔，代表觀音菩薩默默護持沿海。

造塔的功德利益

佛陀演述建造佛塔的功德：如有人發心建造諸佛如來智塔…此人發心建造聖塔所成就的功德遠勝於世間眾生，用七寶珍珠供養三千大千世界，並有供養諸聲聞聖僧之功德。

建塔功德有十：不生於邊國、不受貧困、不得愚痴邪見之身、可得十六大國之王位、壽命長遠、可得金剛那羅延力、可得無比廣大之福德、得蒙諸佛菩薩之慈悲、具足三明六通八解脫、得往生十方淨土。

的拖鞋，踩的是地氈，遮的是陽傘。現在，你赤著腳在烈日下走路，你的腳不疼嗎？」

「我已不再受欲望的束縛，所以沒有痛苦的感覺。」

淨飯王又問：「當你在宮中時，你常用清涼的檀香水來沐浴藉以消除疲勞，現在，你疲倦的時候，用什麼方法來恢復精神呢？」

佛陀答道：「佛法就像是一個匯聚了各種香水的寶池，我天天在這潔淨的池子裡沐浴，怎麼會疲倦呢？」

「在王宮裡，你穿的是質地最好的衣服，現在你穿的卻是粗糙破舊的袍子，你怎麼忍受得了？」

「衣服華麗與否，飲食是否美味，都是隨著心境而改變。只要心境好，任何的衣服和飲食都是一樣的。」

「以前你睡在柔軟的床上，現在你卻睡在草地上，難道你的身體不會酸痛嗎？」

「我已經擺脫了欲望的束縛，我的心境平和、快樂，所以不管什麼地方，我都可以睡得很安穩。」

「你在宮中時，有守衛保護著你。現在你住在森林裡，沒人保護，你不覺得害怕嗎？」

「我已經克服了恐懼的心理，就像森林裡的獅子一樣，即使在曠野中什麼都不怕。」

「如果你沒有出家，整個世界就是屬於你的。」

「現在我出家了，全世界都有我的弟子，整個世界也是我的。」

聽了佛陀的話，淨飯王很感動地說：「你放棄了王位和富貴榮華的生活，甚至離開了親人去追求真理，你所做的各種努力都沒有白費。」

第二天，耶輪陀羅看見佛陀和弟子在城裡乞食，便去稟告淨飯王。淨飯王很不高興地去見佛陀，問道：「兒啊！你為什麼要用乞食來侮辱我？」

佛陀說：「我並沒有侮辱您。乞食只不過是出家人的生活方式罷了。」

「難道出身王族的你也要靠乞食過活嗎？」淨飯王又問。

「王族有王族的生活方式，出家人有出家人的生活方式，我現在已經是出家人了，過的當然是出家人的生活。」佛陀答道。

後來，淨飯王邀請佛陀和他的弟子進宮去接受供養。飯後，佛陀對釋迦族人解說人生無常及痛苦的道理，並對他們說：

「你們要修行佛法，不要作惡。一個人能行善，不作惡，在今生來世都可以得到福報。」聽了這番話，淨飯王和波闍波提都對佛陀、佛法、僧團產生了極大的信心。

繞塔的功德利益

佛陀告訴舍利佛，如果有人能禮拜並繞行佛塔，此人將獲得諸多無上利益：遠離八難、具妙色身；福命長遠、生尊勝家；儀貌端正、富貴多財；後世得端正好色、得生天上；得好音聲、生王侯家；永離貪瞋癡、得證菩提。

3 釋迦族人出家

淨飯王在瞭解真理的可貴之後，鼓勵釋迦族的青年跟隨佛陀出家。而出家人在僧團中的地位，是以出家的先後來決定，不是以社會地位的高低為根據，則是打破社會階級的實際作為。

優波離和釋迦族人

釋迦族人對佛陀非常的敬佩，淨飯王更因佛陀的成就而感到光榮，大家都覺得應該有一些釋迦族的青年跟隨佛陀出家。有一天，淨飯王對釋迦族人說：「如果悉達多太子不出家，他可能已經是萬王之王了。現在他出了家，證悟了真理，應該有一些釋迦族人跟隨他做他的弟子。」

釋迦族人都同意淨飯王的話。淨飯王又說：「每一家可以選派一名青年去跟隨佛陀出家。如果家裡只有一個兒子的就不可以去。」

有了這樣的決定以後，很快的就有五百名釋迦族青年，由阿難和提婆達多率領，浩浩蕩蕩地前往榕樹林。

當他們出發時，宮裡一名出身低賤的理髮匠優波離也跟在他們的後面，到了榕樹林，這些青年都換上僧袍，然後把身上穿戴的飾物脫下，連同衣服送給優波離，說：「優波離，我們都要出家了，再也不需要這些東西，你收下吧！」優波離起初非常高興地接受了，但是經過一番考慮以後，他也想要出家，可是又怕自己出身卑微，不被接受，所以趁著釋迦族和他們的親友話別的時候，悄悄地來到佛陀的跟前，要求佛陀為他剃度。佛陀並不在乎他的身份，立刻答應了。

釋迦族青年剃度以後，佛陀便對他們說：「比丘優波離比你們先剃度，因此你們都要向他頂禮。」這五百名青年遵從佛陀的吩咐，上前向優波離頂禮。這一次佛陀以實際的行動告訴世人，在

阿難七夢

阿難有一天夜裡連續做了七個夢，夢醒後，恭請佛陀解夢，此時，佛陀正在為波斯匿王講人生苦空無常，唯有一心修行向道，才能解脫生死輪迴，見到愁容滿面的阿難，乃寬慰著說道：「你的夢境，預言著未來五濁惡世眾生的千萬般痛苦，與你本身並無關連，你不必憂愁呀，讓我來為解這個夢兆。」

佛陀說：「一、夢水池中烈焰，表示未來的出家人善心減少，相反的，惡逆熾盛、互相殺害。二、夢日、月、星辰都沈沒，表示佛涅槃後，諸大聲聞弟子們也將入滅，即引導眾生求法之正法慧眼也將相繼滅亡。三、夢在家人足踏僧伽者，由於出家人心懷忌妒、互相殺害，在家人或勸諫都無法改變，這些惡行出家人死後將墮地獄；相反的，在家人若精進修行，死後便感召昇天的果報。四、夢豬群莽動，表示未來在家人將侵入佛寺、毀謗出家人，信口開河、蜚短流長，破塔壞寺且傷害僧寶。五、夢頭頂須彌山，表阿難將為一千位阿羅漢誦出佛陀所講過的經典，沒有遺漏一句話，而且自己也有很深的體悟，你將不以誦經傳法為苦。六、夢大象棄小象，表將來邪見解盛行，破壞佛陀正法，實修實證的人都將遁世。七、夢獅子死者，表示佛陀入滅後的一千四百七十年，佛子們精勤修習佛法的心，一切惡魔不得擾亂；死獅頭上的七根白毫，表示經七百年以後，世間將發生外道假藉佛法之名，行敗壞佛陀正法之實的事情！」

僧團中，王族和賤民是平等的，社會階級制度在僧團中是不存在的。

優波離是迦毗羅國人，屬於首陀羅（奴隸）種姓，本是王宮裡的一名理髮匠。佛陀回鄉時，他跟隨釋迦族青年一起出家。他持戒嚴謹，有持戒第一的稱號。傳說佛教第一次結集時，就由他誦出「律藏」。優波離的出家，在當時階級分明的印度社會，是一件震撼人心的大事。從這件事，可見佛陀的偉大——打破社會階級的制度，進行了一次不流血的革命。

提婆達多雖是阿難的兄長，但倆人性格南轅北轍。提婆達多是一個野心勃勃的人，佛陀曾勸他還俗，以在家弟子的身份，擁護佛法，千萬不可在僧團中惹事生非，但他不肯接受佛陀的勸告。提婆達多幾次要求佛陀教授他獲得神通的方法，佛陀卻教他先淨化身心，不要貪求神通，因為神通不代表德行。

提婆達多的要求被拒絕以後，很不高興。他再去要求舍利弗和目犍連教他獲得神通的方法，舍利弗和目犍連知道他品行惡劣，所以也加以拒絕。但提婆達多執著地自己修得神通。在佛陀晚年的

天界眾生的居住處所，《俱舍論》說欲界有六天，色界有四靜慮處十七天，無色界有四處，也就是三界二十七天。列表如下：

```
                      ┌─ 四大王眾天
                      ├─ 三十三天
                      ├─ 夜摩天
欲界 ── 六欲天 ───────┼─ 睹史多天
                      ├─ 樂變化天
                      └─ 他化自在天

              ┌─ 初禪天 ┬─ 梵眾天
              │         ├─ 梵輔天
              │         └─ 大梵天
              │         ┌─ 少光天
              ├─ 二禪天 ┼─ 無量光天
              │         └─ 極光淨天
色界 ─────────┤         ┌─ 少淨天
              ├─ 三禪天 ┼─ 無量淨天
              │         └─ 遍淨天
              │         ┌─ 無雲天
              │         ├─ 福生天
              │         ├─ 廣果天
              └─ 四禪天 ┼─ 無煩天
                        ├─ 無熱天
                        ├─ 善現天
                        ├─ 善見天
                        └─ 色究竟天

              ┌─ 空無邊處
無色界 ───────┼─ 識無邊處
              ├─ 無所有處
              └─ 非想非非想處
```

時候，提婆達多企圖分化僧團，並數次想謀害佛陀。

　　佛陀晚年時，提婆達多想做僧團的領袖，便要佛陀訂下「五法」：一、終生穿糞掃衣；二、終生乞食；三、整天只吃一頓飯，過午不食；四、終生露天而居，席地而坐；五、終生食素。佛陀同意，如果出家人願意這麼做，自然可以實行「五法」，但佛陀拒絕將「五法」訂為所有出家人必行的條規。於是，提婆達多開始散布謠言，說佛陀過著奢侈的生活，又唆使五百名出家人離開僧團。後來，舍利弗向離開僧團的五百僧人道出事情的真相，才使五百僧人迷途知返重歸僧團。

蓮花手菩薩　鎏金銅

蓮花手菩薩為觀世音菩薩的別稱，
因手持蓮花，故名。十四世紀的立
姿蓮花手菩薩、左手持蓮花、右手
施與願印，身軀呈優雅的「三折姿」
風格。蓮花手菩薩凝視遭受苦難的
眾生，奉獻自身無窮盡力量以慈悲
救濟眾生為本願之菩薩。

4 說謊的代價

羅睺羅的出家使淨飯王感到非常難過，因此他向佛陀建議：為小孩剃度以前，必須得到父母同意。羅睺羅出家後，佛陀用污水和髒盆子作比喻，勸導羅睺羅不要說謊；並以鏡子為例，教導羅睺羅培養良好的品德。

下圖
在聲聞法中，羅睺羅為首代表。可詳見密行及忍辱條。

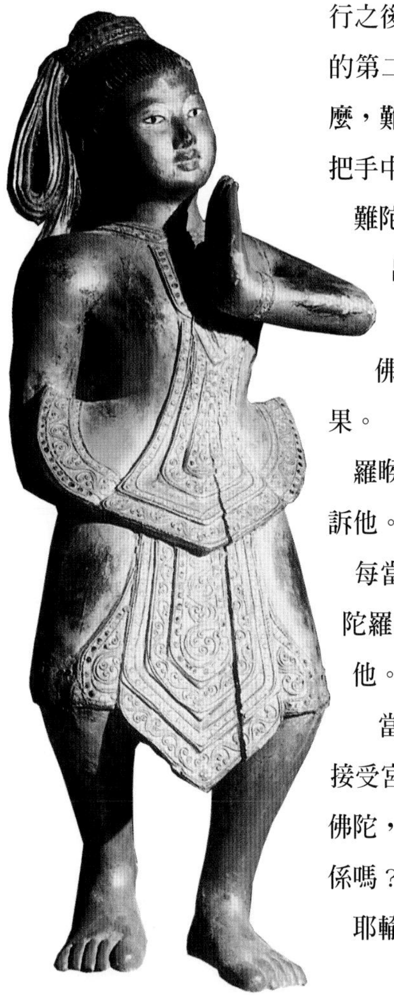

羅睺羅與難陀出家

難陀是波闍波提的兒子，也就是佛陀的姨母弟弟。佛陀離家修行之後，他順理成章地成為王位的繼承人。在佛陀回到迦毗羅城的第二天，沿街托缽來到難陀的門前。他問難陀近來在忙些什麼，難陀說：「我最近忙著陪伴美麗的妻子。」佛陀聽了以後，把手中的缽交給他，轉身就走。

難陀一路跟隨他，來到榕樹林。佛陀問：「你願意跟隨我一同出家嗎？」難陀說：「願意，願意！」於是佛陀叫舍利弗為他剃度。後來難陀卻表示後悔多次想離開僧團，但是在佛陀的勸導下，他終於打消還俗的念頭，後來也證得阿羅漢果。

羅睺羅向來不知道自己的父親是誰，因為淨飯王不准任何人告訴他。

每當想起父親，他就會問母親：「父親到哪裡去了？」而耶輸陀羅總是告訴他：「你的父親到南方去了。」或者顧左右而言他。

當佛陀還在迦毗羅城的時候，有一天，波闍波提邀請他入宮接受宮庭的供養，飯後，佛陀便為家人說法。這時，羅睺羅走近佛陀，一直注視著他，然後跑去問母親：「那個出家人跟我有關係嗎？為什麼只要看見他，我便覺得非常快樂？」

耶輸陀羅聽了默不作聲。但是她覺得不應該再對孩子隱瞞這件

事，因此決定，有機會就把實情告訴他。

有一天，耶輪陀羅看見佛陀從宮外的街道走過，就對羅睺羅說：「孩子，你看到那個出家人嗎？他就是你的父親。去吧！去告訴他，你是他的兒子，並要他把寶物傳給你。」

羅睺羅聽了母親的話，馬上就跑到佛陀面前，急喘地說：「世尊，我是您的兒子羅睺羅。即使是看到您的影子，我也覺得快樂。父親，我知道您有許多寶物，請將它們傳給我吧！」

佛陀內心充滿慈愛，微笑地看著羅睺羅，卻一句話也不說地繼續向前走。羅睺羅緊跟著他，不斷重複著說過的那幾句話。

來到了榕樹林，佛陀才開口對羅睺羅說：「孩子，人們都說我有許多寶物，可是你對它們一無所知。雖然你還小，但是你有權力知道我擁有的寶物是什麼，也有權力要我將它們傳給你。羅睺羅，我現在就將我在菩提樹下獲得的七種寶物傳給你吧！我的寶物就是信心、純潔、謙虛、自我克制、接受勸導、大公無私和智慧七種美德。」說完，佛陀便吩咐舍利弗為羅睺羅剃度。羅睺羅於是成了僧伽中年紀最小的出家人。

羅睺羅剃度的事情很快地傳到淨飯王的耳裡，他很不高興地跑去見佛陀，說：「你出家的時候，我非常難過。你替難陀剃度，我也很傷心。現在你又為羅睺羅剃度，從此之後你叫誰來繼承我的王位？我的希望因為你全部都落空了。」淨飯王說完了這些話，便要求佛陀，日後如果要為小孩子剃度，必須先徵求他們父母的同意。

佛陀接受了淨飯王的提議，做出了規定：沒有得到父母的同意，出家人不可隨意替小孩剃度。直到今天，出家人還是遵守著這項規則。

誠實的重要

羅睺羅很喜歡說謊，所以佛陀決定讓他知道誠實的重要。

有一天，佛陀去看羅睺羅。羅睺羅拿來一盆水讓佛陀洗腳。佛陀洗了腳以後，指著水盆中的水說：

「羅睺羅，這盆裡的水能喝嗎？」

「佛陀，這水很髒，不能喝的。」

「一個人如果愛說謊就像這污水一樣沒有用。」

羅睺羅低著頭，默不作聲地把盆裡的污水倒掉。

佛陀再問他：「可以用這個盆子盛飯來吃嗎？」

「不可以的，因為這個盆子很髒。」

「一個愛說謊的人就和這髒盆子一樣，無法接受眞理呢」

佛陀說完，用腳把盆子輕輕地踢開。羅睺羅顯得很害怕，佛陀又問他：「你怕盆子壞了嗎？」

「不，盆子只是一種很普通的用具，壞了也不要緊。」

「愛說謊的就和這個盆子一樣，誰也不會珍惜的。」

佛陀最後對羅睺羅說：

「一個人對自己的思想、言語和行爲，必須像照鏡子一樣，時時加以檢討和反省。在做一件事，說一句話以前，或起一個念頭的時候，都必須先考慮是否會傷害別人或自己，凡是對別人有害的，都應該避免。羅睺羅，你必須學習時時檢討自己的思想、言語及行爲，才能使自己成爲一個有品德的人。」

聽了佛陀的教誨，羅睺羅非常感動，決定遵照佛陀的話去做，改掉自己的惡習，使自己成爲一個品德端正的出家人。他一念專精，勤快地修行，不計較、不攀緣，並努力地修習忍辱，最後果然不負佛陀所望，證得了阿羅漢果。《法華經》中更記載著佛陀爲其授記成佛。

菩薩乘

菩薩，梵語爲菩提薩埵，或覺有情。謂覺悟一切有情眾生。菩薩行六度行，廣化眾生出離生死，因此六度爲乘也。六度：一布施、二持戒、三忍辱、四精進、五禪定、六智慧。

十一面觀世音

其名由〈十一面觀世音神咒〉而來。該咒為十一億佛陀所宣說，威力甚大。持此一神咒的人，現身可得十種功德（無病、常念佛、衣食充足等）及四種果報（臨終見佛、永不墮地獄、不為禽獸所害、命終生無量壽國）。

5 無上菩提

戒學包括八正道中的正語、正業和正命；正語就是不撒謊、不
搬弄是非、不咒罵及不說輕浮的話；正業就是不殺生、不偷盜
及不邪淫；正命就是要避免從事傷害別人的行業。

持戒修行

菩提心戒
以菩提心之自性清淨為戒，是三昧
耶戒的別名。

佛陀小辭典

正思惟	正見	正定	正念	正精進	正命	正業	正語	八正道
慧學		定學			戒學			三學

　持戒是修行的第一步，不是最終的目標，最終目標是證得真
理。但戒的重要性是不容忽視的。持戒之後，人們才能修習禪
定與獲得智慧。《法句經》云〈諸惡莫作，眾善奉行，自淨其
意，是諸佛教。〉就是強調戒的重要性。

　佛教徒所持的戒是由許多套條規所組成的。這些條規有的看
起來相當消極，有的卻有積極的意義。心念在道德上的作用是
重要的，一個人的內心如果充滿貪、瞋、痴，他的言語和行為

就會遠離正途。一個人遵守戒律，就可以撲滅貪、瞋、痴三種毒火，使人心完全淨化，從而過有德行的生活。

所有的佛教宗派都相當重視戒律。不論是出家人，還是在家信眾，都要遵守某些戒律。在一切戒律中，以五戒最為重要。五戒是指不殺生、不偷盜、不妄語、不邪淫、不飲酒。此外，還要避免犯下十惡，殺生、偷盜、邪淫、妄語（撒謊）、兩舌（搬弄是非）、惡口（咒罵）、綺語（說輕浮的話）、貪欲、瞋恨、邪見。

一切眾生都積極追求快樂，害怕受苦，所以為了自己和別人的快樂，我們必須約束自己，並且與人融洽相處。戒就是要人們在思想、言語和行為方面，避免作出損人利己的事，也就是要實踐八正道中的正語、正業和正命。

正語

語言是傳達思想感情的工具。為了使別人能夠瞭解我們的心意，就必須用恰當的語言來表達。一個善用語言的人，一定具有很強的說服能力，使人對他充滿信心。我們要與人和睦相處，不與人發生爭執或誤會，就必須小心運用語言。佛陀告訴弟子們說話時必須考慮五種情況：我在適當時候說話嗎？我說真話嗎？我說話的語氣溫和嗎？我說的話對別人有益處嗎？我是真心誠意地說話嗎？佛陀提出正語的標準就是：不撒謊、不搬弄是非、不咒罵和不說輕浮的話。

不撒謊

不撒謊就是誠實不欺。如果我們對任何人都不撒謊，就會得到親戚、朋友和同事的信賴。即使我們在無意中說錯了話，也容易得到別人的諒解。相信大家都聽過「狼來了」的故事：

有一個牧童上山放羊。一天，村民忽然聽到他高聲喊叫：

「狼來了！狼來了！」便急忙帶了棍棒趕去救助。當他們趕到山上時，卻見牧童坐在草地上，哈哈大笑著。牧童一次又一次地戲弄村民，最後再也沒有人相信他了。一天，狼真的來了，牧童急得高聲呼救，但是，卻沒有人理睬他。結果，他的羊兒全被狼咬死了。

這個故事提醒我們：做人應該誠實，不要撒謊。一個經常撒謊的人，是不會得到別人的尊重和信任的。

不搬弄是非

不搬弄是非，就是不說人長短、不無中生有，也不挑撥離間破壞人與人的感情。有些人在閒談時，喜歡東家長西家短，把談話的內容加油添醋，非但引發人與人之間的猜疑和誤會，結果也給自己帶來了許多麻煩。所以要與人和睦相處，就不可搬弄是非。

不咒罵

不咒罵就是不惡意罵人，不用粗話侮辱別人、不冷嘲熱諷或尖酸刻薄地批評別人。俗語說禍從口出，咒罵別人會引起對方的忿怒和憎恨，導致朋友感情破裂。所以佛陀教導弟子，說話要溫和有禮，尊重別人，才能受人尊敬。

不說輕浮的話

不說輕浮的話，是指我們在談話時，內容不可逾越道德的範圍，態度不可隨便、沒有分寸、不嚴肅或不莊重。否則，將使人產生非份的欲望，甚至引發不道德的行為。從一個人的言語，可以看出他的品德和教養。思想純正、品德高尚的人，絕對不會說出誘使別人產生不良思想，造成不良行為的話。

正業

　　業就是有意造成的行為，正業也就是指正當的行為。佛陀認為一個人如果沒有良好的行為，不但本身不能過安定的日子，還會擾亂社會的秩序，所以他要弟子們不殺生、不偷盜和不邪淫。他相信堅守這些生活原則，人人都可以過快樂、和平的日子。

不殺生

　　不殺生就是不傷害眾生的生命。人類都熱愛自己的生命，其他的動物也一樣，所以我們應該愛護眾生，不能傷害它們。佛陀曾說：「每一個人都怕受到懲罰，更畏懼死亡。所以只要替別人想一想，就不應該傷害生命，也不應該慫恿別人去殺害生命。」

　　為了滿足自己的欲望而去殺害別人，最終將會受到法律的制裁、對方的報復或殺害。俗語說：「用刀殺人的人，也會死在自己的刀下。」就是這個意思。只有在生命獲得保障的社會裡，人們才能體會到生存的樂趣和意義。

不偷盜

　　偷盜就是用不正當的方法去得到不應該得到的東西，或在沒有得到別人的同意以前，就隨意拿走別人的東西，譬如：偷竊、搶劫、詐欺、行騙等。

　　偷盜不只是不尊重別人的財產和利益，而且是直接或間接地威脅到別人生命的安全。我們從新聞媒體上，常常可以看到這類新聞：有人被偷或被搶，甚至因此而被殺害；也有人因為財物失去，無法生存而自殺。

　　小偷或強盜雖然得到他們想要得到的東西，但卻是把自己的快樂建築在別人的痛苦上，這是一種自私、可恥的行為。

　　此外，不誠實的商人靠販賣假貨而獲利，或是與機關團體個人

之間的不當利益交換、職員疏忽職責卻依然領取薪資，這些行為就如強盜或小偷用不正當的方法得到不應該得到的財物一樣，也是應該避免的。

不邪淫

不邪淫就是維持正當的夫妻關係，這是家庭幸福快樂的基本條件。如果一個人不能忠於自己的丈夫或妻子，作出越禮越軌的行為，不但會使夫妻感情發生裂痕，甚至會導致離婚，影響兒女身心的正常發展，為社會製造許多問題。佛陀認為，夫妻之間應該互相尊重，互相愛護，對伴侶要絕對忠貞，不可以有婚外的越禮越軌行為，才能建立幸福、快樂的家庭。

正命

正命就是指從事正當的職業。凡是會危害別人的生命和安全的職業，都應該放棄。佛陀認為，屠宰業、販賣人口、武器、酒類和毒品，都是不正當的職業。因為從事屠宰業就是殺害動物；販賣人口是漠視人類生存的權利，妨礙他人的自由；武器可以用來殺害生命；酒類會使人神志不清，不能控制自己而做出罵人、打人，甚至殺人的錯事；販賣毒品危害極大，因為人們一旦染上吸毒的惡習，就會萎靡不振、意志消沉、健康受損，甚至不惜以身試法，去偷、去搶、去騙，結果影響社會的治安，造成社會秩序的混亂。

佛陀立下正語、正業和正命三個重要的道德規範，作為人們約束自己的標準。戒學不但有助於個人道德的修養，也可以用來維持社會的秩序，所以每個人都應該努力去修持。

佛教的戒律是根據三個原則而訂立的：眾生平等；眾生彼此尊重；眾生互相合作。這三個原則，影響了佛教徒待人處世的態度，也促進了社會的和諧與繁榮。

8

古代有一位佛學家說：「假如鄰居和我一樣不願有恐懼和痛苦，我又怎能保護自己多過他人呢？」這句話正說明眾生生來皆是平等的，因為大家都有共同的希望和恐懼。平等的觀念，破除了階級、主義、社會地位、國籍、種族、甚至物種的藩籬。佛教徒瞭解眾生平等的道理之後，就能尊重生命、愛惜財物、尊重真理、培養良好的人際關係以保持心理健康。因為眾生是互相依靠而生存的，眾生若能彼此尊重，彼此合作，將此源則落實於生活當中、往下扎根，這對國家、社會以及全世界都有益處。

9

6 定學使人專注

定學包括三種修行方法，就是八正道中的正精進、正念和
正定。正精進是要努力防止不良念頭的生起，消除已經
生起的不良念頭；此外還要培養及促進好的念頭。正
念是時時注意自己的思想與言行。正定可使人精神
集中，心境平和。

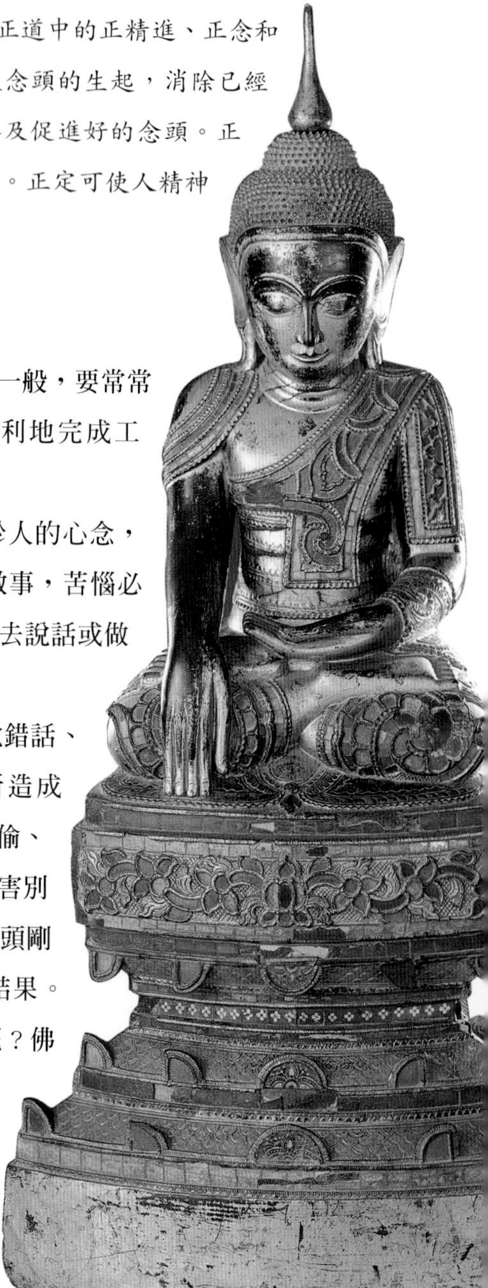

定學使人專注

佛陀認為眾生的心念有如猿猴一般，要常常
控制它，使精神集中，才能順利地完成工
作。讓心專注就是定。

佛陀說：「一切行為均決定於人的心念，
假使人存著邪惡的心念說話或做事，苦惱必
定追隨著他，如果以純淨的心念去說話或做
事，快樂自然跟著來到。」

在日常生活中，我們經常會說錯話、
做錯事，那是由於一念之差所造成
的。我們若生起了貪念，就會去偷、
去搶；生起了瞋心，就會做出傷害別
人的事。這就是因為在不好的念頭剛
生起時，我們沒有及時控制的結果。
怎樣才能控制這些不良的念頭呢？佛
陀為我們指示了一條最正確的道
路，那就是修習定學。定學包
括了八正道三種修行法：正精
進、正念和正定。

八正道中的正精進、正念和正定，彼此有密切關係《巴利中部》對禪定有這樣的描述〈什麼是定？什麼是定的特徵？什麼是構成定的條件？什麼方法能使定增長？使意念集中就是定，定的特徵就是四念住，構成定的條件則是四正勤。使定增長的方法就是修習四念住和四正勤。〉

修習禪定和修持戒學一樣，並不是修行者最終的目標。修習禪定對心境的平和與修行八正道都有幫助。禪定和智慧配合，才能使人證道。佛教徒對修習禪定時所帶來的神通並不重視。

頭陀
譯為抖擻，即修持斷衣服、飲食、住處等三種貪著的行法，修頭陀行者須遵守十二條規則，稱十二頭陀。另行腳乞食的僧人亦稱為頭陀，亦稱行者。

正精進

正精進就是以堅定的意志，努力不懈地朝正確的方向去修行。精進是成功的根本，正如一個人想登上山頂，就必須努力向上攀登，才能實現願望。所以，人們想要得到快樂和證悟真理，就非靠自己的力量實踐佛法不可。

佛陀指出四種修習正精進的方法：

一、努力防止壞念頭的產生。譬如：不可生起覬覦他人財物的惡念。

二、努力消除已經產生的壞念頭。譬如：一個人發現自己有貪戀非分財富或欲樂享受的念頭，就必須考慮到後果而設法放棄。

三、努力培養好的念頭。譬如：人人都希望過快樂無憂煩的日子，也都不願意受苦，所以我們要不斷地培養愛心與同情心。

四、努力促進已經產生的好念頭。

正精進是八正道中一個重要修行項目。修習正精進的人，將不會神志昏沉，性格頑固，垂頭喪氣、鬱鬱寡歡，而是對人生充滿自信。也有人把正精進解釋為樂觀、積極、進取的精神。

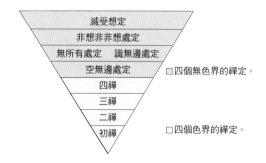

原始佛教把禪定分為九個次第，即所謂「九次第定」。

滅受想定
非想非非想處定
無所有處定　識無邊處定
空無邊處定
四禪
三禪
二禪
初禪

□ 四個無色界的禪定。

□ 四個色界的禪定。

正念

我們都知道，不論是司機或行人在使用公路時，都必須小心謹慎，如果分心或一不留神，就很容易發生車禍。

正念就是要人們留意自己的思想、言語和行為，這樣才能夠使好的念頭不喪失，壞的念頭不產生。佛陀曾經講過這樣一個故事：有一個賣藝人和他的徒弟爬上木桿，正準備表演節目時，賣藝人對徒弟說：「你保護我，我也保護你，這樣我們才能順利地完成表演，才能賺錢。」徒弟聽了這番話，卻說：「不，我們不能這樣做。我們要各自小心，好好地保護自己。」

這個故事告訴我們：一個人如果能集中精神，注意自己的思想和言行，不但可以避免做錯事，而且可以順利地完成自己所要做的事情。

佛陀在《巴利相應部》中說：「不管是在什麼地方，什麼事物中，正念都非常重要。」一個行惡業的人，修習了正念之後，將會改變他的行為，不再做壞事，而朝向涅槃的大道前進。佛陀的異母弟弟難陀一向被欲望所困擾，後來修習正念終於成為阿羅漢，央掘摩羅一向殺人如麻，修習正念之後，也放下屠刀，不再以殺人為樂，最後也證得阿羅漢果。

人要獲得智慧和真理，就更需要修習正念。除了必須知道自

己的所作所爲以外，還需要保有正確的心念，以抗拒不良的影響。在思想上，要避免貪婪和瞋恨心理的產生；在言語上，要能夠不撒謊、不搬弄是非、不咒罵、不說輕浮的話；在行爲上，要做到不殺生、不偷盜、不邪淫。這樣，才不會傷害他人的生命剝奪他人的幸福。

正念，就是把心安住在「四念住」上。

所謂「四念住」就是：觀身不淨——觀察且發覺自己的身體是污穢不乾淨的，所以不執著；觀受是苦——觀察且發覺任何感受都是一切痛苦的根本；觀心無常——觀察且發覺我們的心不常住，而是不斷地在變遷、生滅；觀法無我——觀察一切事物都是由因緣配合而產生的，所以不能常住不滅。

如果我們時時把心放在無常、苦、無我這些道理上面，就不會斤斤計較世間的錙銖小利，便能專心修學佛法。

正定

正定就是使精神集中在某個目標上，這個「目標」可以是一個具體的東西，如一朵花；也可以是一個抽象的概念，如慈悲。正定是獲得智慧和眞理的準備工夫，如果能努力修習禪定，就能使心境平和，這對人們獲得智慧、證悟眞理有很大的幫助。不過，在修習禪定時，一定要有合格的禪師指導。

人們通過定學，可以體會到自信和努力的重要性。修習定學不但能使人堅持不懈地修持戒學，而且也可以作爲慧學的基礎。此外，還可以消除不良的念頭，抗拒各種誘惑，使人時時注意自己的思想、言語和行爲。總之，通過定學，人們便可以意志堅定地修行八正道，以達到證悟眞理的目的。

禪定一般分爲三大階段，即調身、調息、調心。調身首先要盤腿，盤腿分爲單盤或雙盤。單盤就是把左腿放在右腿上，或者把右腿放在左腿上，佛教稱之爲「半跏趺坐」。雙盤就是把左腿放

佛陀六種震動

《華嚴經疏》六種震動有，動、起、涌三種，是形；震、吼、擊三種，是聲。於形聲中，各種舉動都是一種，故言震動。六種中復各有三相，遂成十八種震動之相也。

一、動，搖颺不安之謂。動有三相：一方獨動名動，四方俱動名遍動，八方齊動名普遍動。

二、起，自下漸高之謂。起有三相：一方獨起名起，四方俱起名遍起，八方齊起名普遍起。

三、涌，忽然騰舉之謂。涌有三相：一方獨涌名涌，四方俱涌名遍涌，八方齊涌名普遍涌。

四、震，隱隱出聲之謂。震有三相：一方獨震名震，四方俱震名遍震，八方齊震名普遍震。

五、吼，吼者，雄聲猛烈之謂。吼有三相：一方獨吼名吼，四方俱吼名遍吼，八方齊吼名普遍吼。

六、擊，擊者，砰磕發響之謂。擊有三相：一方獨擊名擊，四方俱擊名遍擊，八方齊擊名普遍擊。

三十七道菩提分

道品,又作菩提分、覺支,即追求智慧,進入涅槃境界的十七種修行方法。又稱三十七覺支、三十七菩提分、三十七助道法、三十七品道法。依此三十七法而修,即可次第趨於菩提,所以稱之為菩提分法。

三十七道品可分七科如下:

四念處──又作四念住;重修智慧
  (1)身念處。觀身不淨,即觀此色身皆是不淨。
  (2)受念處。觀受是苦,觀苦樂等感受悉皆是苦。
  (3)心念處。觀心無常,觀此識心念念生滅,更無常住。
  (4)法念處。觀法無我,觀諸法因緣生,無自主自在之性,是為諸法無我。

四正勤──又作四正斷;重修精進
  (1)已生惡令永斷。已經生起的惡業,要勤懇的除斷。
  (2)未生惡令不生。尚未生起的惡業,時時提防,不使發生。
  (3)未生善令生。未生起的善業,勤懇的使之生起。
  (4)已生善令增長。已經生起的善業,不斷精進令其增長。

四如意足──又作四神足;重修禪定
  (1)欲如意足。希望所修之法能如願滿足。
  (2)精進如意足。於所修之法,專注一心,無有間雜,而能如願滿足。
  (3)念如意足。于所修之法,記憶不忘,如願滿足。
  (4)思惟如意足。心思所修之法,不令忘失,如願滿足。

五根──根,即能生之意,此五根能生一切善法
  (1)信根。篤信正道及助道法,則能生出一切無漏禪定解脫。
  (2)精進根。修正法,無間無雜。
  (3)念根。守住最初一念心,多向正道念力行
  (4)定根。攝心不散,一心寂定,是為定根。
  (5)慧根。對於諸法觀照明了,是為慧根。

五力──力即力用,能破惡成善;此五慧力能入聖道
  (1)信力。信根增長,能破諸疑惑。
  (2)精進力。精進根增長,能破身心懈怠。
  (3)念力。念根增長,能破諸邪念,成就出世正念功德。
  (4)定力。定根增長,能破諸亂想,發諸禪定。
  (5)慧力。慧根增長,能遮止三界見思之惑。

七覺支──又作七菩提分、七覺意;能使凡夫從迷入悟,由未覺而覺
  (1)擇法覺支。能揀擇諸法之真偽。
  (2)精進覺支。修諸道法,無有間雜。
  (3)喜覺支。契悟真法,心得歡喜。
  (4)輕安覺支。能斷除諸見煩惱。
  (5)念覺支。能思惟所修之道法。
  (6)定覺支。能覺了所發之禪定。
  (7)捨覺支。能捨離所見念著之境。

在右腿上再把右腿放在左腿上，相反也可以。佛教稱之為「全跏趺坐」。如果無法雙盤，單盤也可以。單盤也盤不起來時，也可以將兩腳交叉架住。盤腿可以使浮亂的身心靜止下來，彷彿巨大的樹木植根大地一般，容易進入禪定的境界。

　腿盤好了，雙手要結手印。先將右手仰放於肚臍下，左手放置在右手上，兩拇指輕輕相抵，兩手臂自然下垂貼於腋下，此稱為結「法界定印」。這種手印可以使左右氣血相互交流。盤坐時背脊要挺直，但也不可以過度生硬。背脊挺直，可以使五臟六腑順暢運行，促進身體健康。兩肩要平張，不可左右傾斜；頸項要緊靠衣領，保持從側面看耳朵肩膀成一直線的姿勢。下巴要收進來，嘴輕輕地閉著，舌尖抵住門牙上齦的唾腺，以促進消化。初學者眼睛最好微睜，注視著座前二、三尺的地方，以免昏睡。身體調好了，接著要調呼吸。可以數息觀，從一數至十，數出入的呼吸，使呼吸由粗重急喘而細微平和，如游絲一般，若有若無。調身、調息都做好了，最後要調攝心念，將心念集中一處。如果心念不能調制，縱然坐破蒲團，也沒有意義。

佛冠
代表行者自身清淨，入壇城即觀，五方佛加持。

7 要證涅槃不能沒有智慧

慧學包括了八正道的兩個項目，正見和正思惟。正見指的是瞭解因果的道理和四聖諦。正思惟是避免貪欲和瞋恨的產生，進而培養自制和慈悲憫人的精神。禪定配合智慧就能拔除無知。

八正道的最高段

慧學，是修行八正道的最高階段。《巴利相應部》說：〈如果一個人的精神集中，他就能夠瞭解事情的真相。〉瞭解事物真相是智慧的本質。人心經過禪定的淨化，即能看清事物的真相。這種能力，並不是靠信念和智力得到的，而是由直覺的力量獲得的，它能使人證得真理。前面所述的戒學及定學雖然很重要，但它們只是用來作為慧學的基礎。

慧學的修行法包括兩個項目，正見和正思惟。修習正見可以破除對事物真相的無知，而修習正思惟則可以消除貪欲和瞋恨的心理。一個人如果修習慧學，終有一日可以證入涅槃。

直指人心見性成佛
即無須向外界尋求，而直觀自心、自性；所謂見性成佛，即無須分析思慮，而透徹覺知自身具有之佛性，即達佛之境界。

正見

正見就是對事物存在的本質或真相有清楚的瞭解。它具有兩層意義：

瞭解因果關係。譬如我們要時刻留心自己的言語和行為，因為說錯話或做錯事，便會受苦。種瓜得瓜，種豆得豆就是千古不變的這個道理。

瞭解四聖諦：生、老、病、死是苦的現象；欲望和無知是苦的來源；涅槃是苦的滅除；八正道是證得涅槃的方法。

一個人要瞭解事物存在的真相，首先必須認識自己存在的現象和處境，然後才去審查所看到的現象是怎麼發生和存在的。

瞭解緣起的道理，我們才能瞭解事物的本質以及四聖諦。所謂

事物的本質，就是指一切事物都是無常的，充滿痛苦以及不能獨立存在。無知是痛苦的根源，它使我們誤以為一切都是永恆的，一切都是快樂的，所有的事物都能獨立存在，而且不受限制。這些錯誤的觀念，使我們不能證入涅槃境界。

虛無主義者和唯物主義者容易過自我放縱的生活。而認為有一個永恆與獨立自我和靈魂的人，則變成禁欲者，有這類思想的人相信靈魂是永恆及獨立的，而身體是罪惡的根源──他們以為毀壞身體就可以得到快樂。

所謂正見就是重新肯定中道的生活方式，既不耽溺於物質享受和放縱的生活，也不過分折磨自己。修習正見的第一個步驟，便是聽聞和學習佛法，或親近經驗豐富的導師。此外，我們更應該記誦並實踐佛法，才能從佛法中得益。

修習正見時，必須具有探討和分析的態度。佛陀勸導人們不要盲目地相信謠言、傳統或權威，而要憑自己的經驗去判斷是非。譬如有人指著一塊金屬，告訴我們那是一塊金子時，我們不應該輕易地相信，而是要用各種方法，檢驗出它真的是一塊金子以後，才去接受那是一塊金子的說法。簡言之，一切事物都必須經過證實，我們才能夠相信。這樣，便能達到追求真理的目的。

正思惟

一個人所起的念頭，往往會影響個人的言語和行為。當貪婪或瞋恨的念頭生起時，就會說錯話、做錯事，帶來痛苦。一個人要培養良好的品行，就必須先淨化自己的思惟。

正思惟就是要克制自己，避免貪婪和瞋恨等邪惡念頭的產生，並培養慈悲的精神。因為，人的欲望永遠不會滿足；只要貪念一起，佔有的欲望就出現產生，於是就會去偷、去搶、去騙等行為。同樣的，存有瞋恨念頭的人，也會造各種惡業，如傷害生命、誹謗或咒罵等等。

阿姜塔第19號佛殿
由火山岩的山壁打造出長18公尺
高7.6公尺，有17根柱子的大神殿
中間端坐的佛陀神像。

一個能克制自己的人，一定不貪婪；有慈悲心，就不會產生瞋恨。就如佛陀不貪求欲樂，所以放棄宮中奢侈的生活，離家修道，尋求真理。

從他童年時候救治受傷的天鵝事件中，可以看出他有慈悲的心腸；證悟真理以後，他時時去照顧生病的人，以及安慰遭受痛苦的人，也都體現了慈悲的精神。

另外還有一種說法，所謂正思惟，就是對正見所見的，如因果、四聖諦等作進一步的思惟（思考），看看正見所視見的是不是有所謬誤。

如果在思惟的過程中發現有錯誤，那麼就不算是真正的正見了，所以正思惟這個步驟是非常重要的關鍵。

一個人有了正思惟之後，就會瞭解世間是上所有的事物無常的、苦的，於是不再斤斤計較個人的權勢和恩怨，而更積極地做種種的善事，努力去追尋真理，使眾生向上、向善。

慧學是三學的最後一個項目，也是最難完成的。因為它必須有戒學和定學作為基礎。正見和正思惟為人們指出了修行八正道的正確方向和目標，所以人們必須努力去修行。那就像爬山的人，一定要朝著山峰攀爬，才不會迷失方向一樣。

佛教的修行，有兩件事很重要，就是信心和智慧。

這兩者之中，智慧是主要的，信心卻是一種基礎。假如我們不通過禪定的方法瞭解真理，就必須對業力與戒律具有信心。如果以禪定配合智慧，我們就能將無知拔除。至於正見和戒律，將會在證道時很自然的表現出來。

佛陀的智慧
《大智度論》佛智慧有二種：一、無上正智，名阿耨多羅三藐三菩提，二、一切種智，名薩般若。

第五篇

佛的慈悲與智慧

佛陀生在二千五百多年前，

但他和現代科學家一樣講求實證。

愛心與慈悲，

就是從眾生平等的觀念中所伸出來的

慷慨的給孤獨長者

給孤獨長者是舍衛城一名慷慨仁慈的富商。他到王舍城時，拜見了佛陀，邀請佛陀到舍衛城弘法，並以祇園精舍供養佛陀。

佛陀接受給孤獨長者的供養，在舍衛城住了一段時間。在這期間內，佛陀在祇園精舍裡說了許多佛法，其中最有名的是有關幸福的法。

長老

指年齡長而戒臘高，智德俱優之大比丘。又稱上座、上首、首座。《集異門足論》列舉三種上座：一、生年上座，指年齡較長之耆舊。二、法性上座，指受具足戒之知法者，年雖二十或二十五亦得受此尊稱。三、世俗上座，指在家護法中有財勢之長者。由上述可知長老雖系對年、臘高者之敬稱，然未必為年老者。

給孤獨長者

在憍薩羅的首都舍衛城，有一名叫須達多的富商，為人慷慨而仁慈。他時常救濟孤兒、老人和窮人，因此人們稱他為「給孤獨長者」。

有一次，他獨自到王舍城去做生意。從妻舅的口中，知道當地有一位人人敬仰的佛陀。他從前就很想去拜見佛陀，可是妻舅非常忙碌，不能帶他前往。當天夜裡，他翻來覆去都無法入睡，便決定馬上起身，獨自前往求見佛陀。途中，他經過一座墳場，雖然心裡十分害怕，但是，由於求見佛陀心切，他勇敢地繼續前進。

黎明時分，他來到佛陀居住的園林，遠遠便聽到佛陀在呼喚他：「來吧！須達多！」給孤獨長者聽到佛陀叫喚著他的名字，感到很驚奇，也非常的興奮，於是立刻走到佛陀跟前，向佛陀頂禮，然後說：「願佛陀安樂無比。」

佛陀回答：「我已經證得人生最高的真理，不受欲望的束縛，也沒有任何執著，亦也沒有任何的痛苦，所以我一向都是安樂無比的。」

接著，佛陀便向他說法。給孤獨長者深受感動，便誠心誠意地接受三皈依，成為佛陀的在家弟子。須達多懇切地邀請佛陀到舍衛城去弘揚佛法，並且表示將建造一座精舍，供佛陀和他的弟子作為居住及弘法的地方。佛陀答應了。

祇樹給孤獨園

給孤獨長者回到舍衛城，便四處尋找一個適合佛陀和弟子們說法及修行的地方。後來他看上了屬於祇陀太子的一座園林，便馬上去見太子，要求太子把這座園林賣給他。祇陀太子拒絕了他的要求，並說道：「即使給我十萬枚金幣，我也不願意把它賣掉。」給孤獨長者失望極了，但他一點也不灰心，仍然堅持要把這座園林買下來。祇陀太子為了讓他知難而退，就這樣告訴給孤獨長者：「只要你能夠用金幣鋪滿這座園林，我就把它賣給你。」

聽了這些話，給孤獨長者馬上派人回家去拿金幣。很快的，除了長著樹的地方以外，整座園林都鋪滿金幣了。祇陀太子知道這

佛陀小辭典

精舍：佛教的寺院。

布施：在物質和精神上，對他人給予幫助。

回事，大吃一驚。當他明白給孤獨長者是要將園林獻給佛陀的時候，心裡非常感動，也想在這方面盡自己的一分力量來供養佛陀，於是對須達多說：「我決定將這座園林賣給你，不過，園裡的樹卻是我的，我要用它們來供養佛陀。」後來這座園林就稱為祇樹給孤獨園，簡稱祇園。由於須達多有樂善好施的美德，故號稱布施第一。

如果說頻婆娑羅王的皈依和贈送竹林精舍，是統治階級開了支持佛教的先例，那麼，給孤獨長者的皈依及贈送祇園精舍，便是商人階級支持佛教的開始。自從給孤獨長者皈依佛陀以後，佛陀在憍薩羅國的首都舍衛城的聲望更加高漲。另一方面，憍薩羅國的波斯匿王與王后末利夫人也都熱心支持佛教，使佛陀成為聞名遐邇的人物。

給孤獨長者在園林裡蓋了一座精舍，供佛陀及弟子們說法和居住，這座精舍便是有名的祇園精舍。

在舍衛城附近建立的祇園精舍，是早期僧團固定的居所之一。在佛陀成道的兩年之內，一共蓋了三座精舍。第一座精舍坐落在王舍城的竹林裡（竹林精舍）；第二座在迦毗羅城的榕樹林；第三座在祇園中。後來毗舍佉又捐獻了一座在舍衛城東邊的鹿母講堂給佛陀，佛陀多數的時間在祇園精舍和鹿母講堂度過雨季。

人間最大的幸福

佛陀在祇園精舍說了許多佛法，其中最著名的便是有關幸福的說法。在這次說法中，佛陀強調：最大的幸福不只是現在的快樂，而且是要將來也快樂。他還說：「不與無知的人相處，要和有智慧的人交往，並且尊敬那些值得尊敬的人，是最大的幸福。」

居住在好的環境裡，一個有清潔的食用水、新鮮的空氣、使人身體健康的地方；或是鄰居友善、能和睦共處的地方；或是有機

佛陀的三十二相

三藏法數云：

一、足安平相　謂足下安立，皆悉平滿，猶如奩底也。

二、千輻輪相　輻即車輪中之輻，謂足下轂網輪紋，眾相圓滿，有如千輻輪也。

三、手指纖長相　謂手指纖細圓長，端直完好，指節參差，光潤可愛，勝餘人。

四、手足柔軟相　謂手足極妙柔軟，勝餘身分也。

五、手足縵網相　謂手指中間，縵網交合，文同綺畫，猶如鵝王之足也。

六、足跟滿足相　跟，足踵也，謂足之踵，圓滿是足也。

七、足趺高好相　謂足之趺，高起如真金之色，趺上之毛，青琉璃色，種種莊
　　　　飾，妙好圓滿也。

八、如鹿王相，謂股漸次纖圓，如彼鹿王之股，纖好第一也。

九、手過膝相　謂雙臂修直，不俯不仰，平立過膝也。

十、馬陰藏相　謂陰相藏密，猶如馬陰，不可見也。

十一、身縱廣相　謂身儀端正，豎縱橫廣，無不相稱也。

十二、毛孔生青色相　謂身諸毛孔，一孔一毛，生相不亂，右旋上向，青色柔軟
　　　　也。

十三、身毛上靡相　謂身諸毫毛，皆右旋向上而偃伏也。

十四、身金色相　謂身皆金色，光明晃曜，如紫金聚，眾相莊嚴，微妙第一也。

十五、身光面各一丈相　謂身放光明，四面各一丈也。

十六、皮膚細滑相　謂皮膚細膩滑澤，不受塵水，不停蚊蚋。

十七、七處平滿相　謂兩足下兩手兩肩項中七處，皆平滿端正也。

十八、兩腋滿相　謂左右兩腋平滿而不窳也。

十九、身如獅子相　謂身體平正，威儀嚴肅，如獅子王也。

二十、身端直相　謂身形端正平直不傴曲也。

二十一、肩圓滿相　謂兩肩圓滿而豐腴也。

二十二、四十齒相　謂常人但有三十六齒，唯佛具足四十齒也。

二十三、齒白齊密相　謂四十齒皆白淨齊密，根復深固也。

二十四、四牙白淨相　謂四齒最白而大，瑩潔鮮淨也。

二十五、頰車如獅子相　謂兩車隆滿，如獅子王也。

二十六、咽中津液得上味相　謂咽喉中常有津液，
　　　　　　上妙美味，如甘露流注也。

二十七、廣長舌相　謂舌廣而長，柔軟紅薄，能
　　　　　　覆面而至於髮際也。

二十八、梵音深遠相　謂音聲和雅，近遠皆
　　　　　　到，無處不聞也。

二十九、眼色如金精相　謂眼目清淨明瑩，
　　　　　　如金精色也。

三十、眼睫如牛王相　睫目旁毛也，謂眼睫
　　　　　　殊勝，如牛王也。

三十一、眉間白毫相　謂兩眉之間，有白玉
　　　　　　毫，清淨柔軟，如兜羅綿，右旋宛轉，
　　　　　　常放光明也。

三十二、頂肉髻相　謂頂上有肉，高起如髻，
　　　　　　亦名無見頂相，謂一切人天二乘菩薩
　　　　　　，皆不能見故也。

會聽聞佛法的地方，多做好事，避免傷害他人，盡力去幫助他人，努力修行，是最大的幸福。

有廣泛的知識與精巧的技藝，過有規律的生活，說話謹慎，是最大的幸福。

孝順父母，愛護妻兒，從事正當的職業，是最大的幸福。

行布施，守戒律，幫助親友，不胡作非為，是最大的幸福。

尊重別人，謙虛、知足、懂得報恩，對他人愛護、關懷和幫助，感恩圖報，時時聽聞佛法，是最大的幸福。

有耐心，接受勸導，親近出家人，在適當的時候和有學問、有經驗的人討論佛法，是最大的幸福。

知道自制，過清淨的持戒和修習禪定的生活，瞭解四聖諦，證得涅槃，是最大的幸福。

不受世俗褒貶的影響，過無憂、純淨、安定的生活，不被貪、瞋、痴所污染的生活，是最大的幸福。

蓮葉千子故事

賢劫千佛之前因果也。《雜寶藏經》：「佛陀告比丘們，過去久遠無量世，波羅奈國有座仙山。有一外道出家者住於此山，行住坐臥都在石上，其精氣遇雌鹿因緣和合有了身孕。生一女嬰，外道出家者將其撫育成人。

及長，此女婚配梵豫國王，為國王之第二夫人，婚後二夫人立即有孕。據命相師占卜，此胎會生一千個孩子。二夫人臨盆，大夫人取盛開的千葉蓮華（「花」之古字），將孩子包盛在籃子內，擲於河中。當時烏耆延國王與士兵們在下游遊戲，看見河中的千葉蓮華，一葉有一小兒。國王便發大心將他們全部養育長大，長大後這一千子，各個都具有神力。

有一天烏耆延國欲舉兵攻打梵豫國。梵豫國王聽聞這支由一千子所組成的常勝軍要來攻打自己的國土，為避免傷亡，便想和平的讓出王位。此時第二夫人說：請為我築一百丈之臺，令我坐其上，此軍必會退讓。當百丈臺做好，夫人高高坐在上面。一千個具有神力的孩子欲舉起弓箭射出時，竟然手不能舉起。此時夫人說：孩子們，我是你們的母親呀！同時，雙手擠乳，乳汁分為五百滴，並入千子口中。

在一千子認了親生之母後，兩國已無須爭戰，烏耆延國王更送五百子還予親生父母；自此，兩國國王各有五百子。佛陀說，當時的一千個孩子就是賢劫千佛，善妒的第一夫人是文鱗瞀目龍；而國王就是白淨王，千子之母（第二夫人）也就是摩耶夫人。」

左圖：觀自在菩薩

又作無礙、縱任。即自由自在，隨心所欲，做任何事均無障礙。此為諸佛及上位菩薩所具之功德，故佛亦稱為自在人。

嘎嗚盒

《功德藏》：並非隨意身頂禮，心間合十恭敬相，合掌當如蓮花苞，或如嘎嗚盒之形。此盒依經典敘述製作。藏語意思為隨身廟，是藏傳佛教常見的護身物。嘎嗚中可放入各式珍寶、舍利子、甘露丸、上師法衣、五彩壇城沙…等等加持物。將嘎嗚佩帶於身邊，可消除入世、出世一切之逆緣障礙，令佩帶之人平安吉祥、招財納福。

　　無論是誰，只要行為符合以上這些條件，在任何情況下信心十足，身心愉快，就是獲得了人間最大的幸福。

妻子的美德

　　當佛陀居住在舍衛城期間，給孤獨長者時常邀請他到家裡作客。有一次，佛陀在長者的家裡聽到一陣爭吵的聲音，原來長者的媳婦自恃長得漂亮，對人傲慢無禮，輕視丈夫，對公婆不敬，時常引起家庭的糾紛。

　　佛陀就勸導她：「人的青春是短暫的，漂亮的容貌，並不能保持到永久。所以身為妻子的人，應該端莊賢淑，溫柔有禮。對丈夫必須忠實，關心丈夫的幸福，不隨便浪費金錢。在丈夫生病時，應該盡心盡力地照顧；當丈夫遇到困難時，應該為夫分憂，並設法幫其解決困難。總之，妻子必須是丈夫的好伴侶，才能獲得丈夫的敬愛。」

　　聽完佛陀的這一番話，給孤獨長者的媳婦羞愧萬分，無地自容，她馬上答應會改過自新，做一個賢淑的妻子。

盧舍那佛寶

佛陀於菩提樹下成道時，示現高六
丈之身軀，宣說《華嚴經》時，示
現為盧舍那尊特之身軀，以為佛
寶。《華嚴經》為《盧舍那經》。
是以宣說的教主之名定之。

2 慈悲與智慧

佛陀具有智慧與慈悲。佛以智慧教導人們，讓我們用實際的態度去解決人生的問題，並透過獨立的思考去瞭解事物的真相。佛陀也本著慈悲，時時去照顧病人，安慰受苦者。

佛陀的智慧

　　雖然佛陀生在二千五百多年前，但他處理問題的態度，和今日的科學家一樣的實際。他從不浪費時間去思考那些與人生沒有關係的問題，所以當他看到人生的種種苦相時，便分析痛苦的原因，進一步找出解決痛苦的方法。佛陀用以下的寓言比喻不切實際的人：

　　有一個人被毒箭射傷，親友們急忙找來一名醫生，替他拔箭

上圖：華嚴三聖
中為毘盧遮那佛（釋迦牟尼佛的法身佛），左脅侍文殊菩薩，右脅侍普賢菩薩。

消毒。如果受傷的人要先查明：射箭的人是誰？用的是哪種弓箭？箭頭是用什麼做的？然後才肯接受治療，那麼，相信在查出真相以前，他就中毒身亡了。如果有人一定要先知道宇宙是永恆的或是短暫的，是無窮的或是有限的，然後才肯修習佛法，同樣的，他們也一定會在得到答案以前就死了，根本沒有機會修學佛法。

佛陀從來不談這些問題，因為談論它們不能解決人生的痛苦。無論人們相信宇宙是永恆的或是短暫的，是無窮的或有限的，生、老、病、死等痛苦，仍然無法避免。佛陀只告訴人們，什麼是苦、造成苦的原因是什麼、苦滅的境界是怎樣的、以及如何解除痛苦。只要在真正瞭解四聖諦以後，努力去修行，就能夠證悟真理，感到快樂、平和。

獨立思考的精神

有一次，佛陀來到一個村莊，村民問他：「許多宗教師來到這裡，他們在傳教時互相攻擊，所以我們感到很困惑，不知道誰的說法才是正確的。」佛陀認為這些村民的懷疑態度是對的，於是告訴他們：「你們應該運用自己的思考去瞭解事情的真相，然後再判斷是非。不要只看事情的表面，或受傳統和權威性經典的影響；也不要因為詭辯、謠言或是某種理論的誤導，就去相信一件事。只要能夠使你們得到平和，快樂，對你們有益的事情，就要努力去做；否則，就要放棄。」

佛陀不要村民因為尊敬他而盲目地接受他的教義。他要村民聽了佛法以後，親自去驗證；先領悟其中的道理，再接受。譬如：佛陀說：「貪和瞋是造成痛苦的原因。當貪婪和瞋怒的念頭生起，人就會睡不著、吃不下，甚至引起糾紛，產生痛苦。」但是，佛陀並不勉強人們去相信他所說的道理；他要人們有了實際的經驗以後，再去接受。佛陀一向重視經驗的重要性。他認為必

須從個人的經驗中所得到的知識，才是有用的知識。尤其從個人生活經驗中所獲得的宗教體驗，比純粹學術性理論的瞭解更為其重要。

佛陀的慈悲

舍衛城有一個名叫帝須的出家人，身上長滿疔瘡，還流出膿汁。同住的出家人看到這種情形，紛紛離開他。佛陀知道了這件事，便帶著弟子去照顧帝須。佛陀先為他煮了一鍋水，親自替他洗淨爛瘡傷口，還要弟子們替他洗衣服。佛陀這樣做，不但使帝須精神和肉體上的痛苦逐漸減輕，也為弟子們樹立了好榜樣。

波吒遮羅是舍衛城裡一個有錢人家的女兒。由於長得十分漂亮，她的父母把她關在塔裡，以免受到追求者的干擾，不料她卻愛上了看守她的僕人。有一天，她聽說父母親要將她嫁出去，為了追求自由和幸福，波吒遮羅便和愛人私奔了。

後來，波吒遮羅懷了身孕，便要求丈夫讓她回娘家生產，丈夫很勉強答應了。在回娘家的途中，孩子出世了，夫妻兩人只好轉回自己的家中。當她又第二次懷孕並即將臨盆時，趁著丈夫外出，她帶著孩子回娘家。她的丈夫知道之後，匆匆趕來相伴。在此時，走了不久，他們遇到了暴風雨。波吒遮羅要丈夫先去找一個可以避雨的地方，不料她的丈夫卻因此被毒蛇咬死。

在等待丈夫回來的同時，孩子出世了。直到第二天清晨，波吒遮

羅才發現丈夫的屍體，當時的她是痛不欲生，在無助的情況下，她只能獨自帶著兩個孩子繼續趕路。來到河邊，虛弱的她無法同時把兩個孩子抱過河去，只好先把初生的嬰兒帶到對岸，將他藏在一堆葉子底下，再回頭去帶較大的孩子。當她走到河中央時，看見一隻老鷹從空中飛下來，把嬰兒抓了去。波吒遮羅猛揮雙手，大聲喊叫，企圖把老鷹嚇走。留在河岸上的孩子看見母親又叫又揮手，以為母親是在叫喚他，便向河中奔去，結果孩子被湍急的河水沖走了。

波吒遮羅失去丈夫和孩子以後，忍著極大的哀痛回娘家去。這時，有人告訴她，暴風雨吹倒他們的房子，把她的父母和兄弟壓死了。聽了這個壞消息，波吒遮羅再也受不了打擊——瘋了！赤裸著身體，波吒遮羅在街上狂奔。路人不但不同情她，還對她丟擲石頭。

有一天，她來到祇園精舍，人們不肯讓她進來。佛陀知道了她的遭遇，非常同情，叫人將她帶進園內，然後對她說：「波吒遮羅，清醒吧！」這句話頓時讓她平靜下來，波吒遮羅漸漸地清醒了。

人群中一個好心的人，給了她一條圍巾，讓她裹住身體，佛陀開始對她說法。聽了佛法，波吒遮羅慢慢地明白了人生的真相。當她完全清醒過來的時候，她證得了阿羅漢果。

佛陀的慈悲心，是深切地發自內心的。佛陀在言行上，處處表現他的慈悲。佛教徒在佛陀的影響之下，也處處為眾生著想，為眾生服務。

從眾生平等的觀點來看，人與其他眾生並沒有什麼不同。我們希望過快樂的日子，希望解脫痛苦，眾生也是一樣；我們懼怕被傷害，眾生亦然。愛心與慈悲，就是從眾生平等的觀念引發出來的。

佛塔解說

《法華經疏》：有舍利的稱為塔婆，無舍利的稱為支提。中國稱塔為浮圖。

3 佛陀的女眾弟子

淨飯王彌留之際，佛陀為他說諸法無常的道理。淨飯王去世以後波闍波提便帶領耶輸陀羅和一群釋迦族婦女出家。波闍波提是僧團中第一位女尼。在佛陀的女眾弟子中，有一些是非常優秀的，如計摩、蓮華色、毗舍佉等。她們對僧團的發展，都很有貢獻。

第一位比丘尼

佛陀於成道後的第五年，住在毗舍離附近的一座精舍裡。當他接到淨飯王病重的消息時，便馬上與弟子們趕回迦羅成去。

在淨飯王的病榻旁邊，佛陀向他說了諸法無常的道理。佛陀安然道：

「父親，您的品德高尚，心地善良，所以您不用害怕。請您謹記佛法，使心境安寧吧！」聽了佛陀的話，淨飯王證得了阿羅漢果，然後安詳地死去。

出殯的時候，佛陀為了親自報達父親恩惠，便和阿難、難陀、羅睺羅等四人替淨飯王抬棺。人民看到佛陀孝親的行為，都感動得流下淚來。

喪禮結束後，佛陀還是住在榕樹林裡。就在這個時候，波闍波提決定隨著佛陀出家修行，但是被佛陀拒絕了。此後，佛陀返回毗舍離。

波闍波提一點也不氣餒，她剪掉長髮，披上黃袍，帶著耶輸陀羅和一群釋迦族婦女，步行來到毗舍離尋找佛陀。

經過長途跋涉，她們的雙腳腫痛，形容憔悴地來到佛陀居住的精舍。阿難見到這種情形，知道她們有出家的決心，便跑去問佛陀：「女人出家修道，是否也能夠過聖潔的修行生活，並且成為阿羅漢？」佛陀肯定地說：「她們也一樣能夠證道。」

女人的往生願望
阿彌陀佛四十八願中之第三十五願。即誓願所有聽聞彌陀名號而歡喜信受之女人，於命終之後必不再有女像而得往生淨土。

於是，阿難要求佛陀，讓波闍波提和其他的釋迦族婦女出家。佛陀終於答應接受她們成為弟子，因此尼眾教團便成立了。

計摩

計摩是頻婆娑羅王的王妃，她長得很漂亮，頻婆娑羅王多次要帶她去見佛陀，她都不肯。頻婆娑羅知道她喜歡美麗的東西，便找來許多詩人，寫下許多讚美竹林美景的詩篇，並要歌伎在她面前吟唱，希望這樣能夠使她改變心意。計摩果然被這些優美的詩歌所吸引，決定到竹林一遊。

計摩在欣賞竹林美景的時候，忽然看到了佛陀，佛陀的身邊有一個美女在替他打扇。計摩覺得那個美女比自己更漂亮，便不自主地走上前去。

〈法華經提婆達多品〉

智積問文殊師利言：此經甚深微妙，諸經中寶，世所稀有，頗有眾生勤加精進，修行此經速得佛否？文殊師利言：有王女。年始八歲，智慧利根。善知眾生諸根行業，得陀羅尼，諸佛所說甚深秘藏悉能受持，深入禪定，了達諸法，於剎那頃發菩提心，得不退轉。

其實那名美女是佛陀運用神通變幻出來的。當計摩再度注視著美女時，美女卻又幻變成一個牙齒脫落、頭髮灰白、皮膚乾皺的老太婆；她越來越衰弱，最後倒在地上，死了。計摩看到這種情景，大為震驚。佛陀便對她說：「計摩，美色不是永久不變的。」接著，佛陀又說：「人一旦成為欲望的奴隸，就像蜘蛛被自己所結的網纏住一樣。從欲望的束縛中解脫出來的人，是不會再以享受為樂了。」

　　一剎那間，計摩明白了人生的真相，馬上證得阿羅漢果。她徵求了國王的同意，加入尼眾教團，成為佛陀重要的女弟子，時常幫助佛陀指導尼眾。

　　在比丘尼中計摩以智慧第一聞名。計摩曾對憍薩羅國波斯匿王解說如來的成就是不可衡量的。她說：「有沒有一位數學家能丈量出大海的容量，並且告訴你海中有多少海水⋯為什麼不

摩耶夫人左脅誕生佛陀石雕像
古人將摩耶夫人左脅誕生佛陀之奇景，雕刻於石板上。此圖即為世界宗教博物館所珍藏之石雕藝術。

能…因為大海之深不可斗量…如來的成就如同大海，無法衡量。」

蓮華色

蓮華色在尼眾教團裡，以神通聞名。她原是舍衛城一名富商的女兒，因為膚色美如蓮花，所以取名蓮華色。

蓮華色三次的婚姻都很失敗，所以對生活失去信心，自甘墮落，淪為妓女。有一天，她和一群青年出遊，當目犍連從他們的身邊走過時，青年們慫恿蓮華色去誘惑他。蓮華色搔首弄姿地走到目犍連的面前，可是目犍連不為她的美色所動，正色地對她說法，最後還告訴她：「妳如果無知，欲念會與日俱增，使你泥足深陷，不能自拔。」

蓮華色被這一番話所感動，對自己的行為感到羞愧。立刻向目犍連頂禮，並且表示願意出家。蓮華色雖然是一名妓女，但她一樣被允許加入尼眾團。過了一段時間，佛陀還很讚賞她的品德，時常將她和計摩相提並論。

毗舍佉

毗舍佉，是一位非常虔誠的佛教弟子。她熱心地替僧團服務，也時常為尼眾解決糾紛，因此佛陀曾經當眾讚揚她。

毗舍佉的祖父是一名佛教徒。毗舍佉七歲那年，佛陀在她的家鄉宣講佛理。有一次，祖父帶她去聽佛陀說法，小小年紀的她聽了佛法以後，便對佛陀產生了無限的敬意和信心。

她很年輕的時候，便和舍衛城一名富商的兒子結了婚。她的公公不是佛教徒，所以對佛陀的弟子並不尊敬。毗舍佉既機智又有耐心，在她的不斷努力之下，夫家的人終於都相信了佛法。從那時起，家人便不反對她參加佛教的活動。除了每日供養僧眾以外，她早晚殷勤地都到寺院去為僧團服務，並且聽佛陀說法教

禪宗公案：女子出定

據《諸佛要集經》，記載昔時離意女在釋尊座前入定三昧，大智慧者文殊菩薩雖為過去七佛之導師，卻都無法接近佛陀而坐，所以欲使離意女出定並尋問，因此施展神力喚醒此女，但是仍無法使她出定。而罔明菩薩（棄諸陰蓋菩薩）僅僅為棄諸妄想分別之初地（歡喜地）菩薩，卻能至此女子之面前鳴指一下，便使離意女從定中而出。故禪宗認為，果位低下之罔明菩薩卻能使女子出定之不合理處，視為該公案之要旨。蓋文殊以男女差別之見解欲令離意女出定而不得，罔明則立於天地本為一體廓然無分別之聖境，故雖彈指一下，離意女即應之出定。

右圖：吹笛的黑天

黑天神是毘濕奴神的第八化身。後面的一對手臂，左持貝殼、右持輪盤，表現出毘濕奴的特徵；前面的一對手臂則持一笛（已遺失）。

誨。有一次，佛陀拜訪毗舍佉的家人，毗舍佉的公公受了佛陀的威德所感動，也皈依了佛教。彌伽羅長者更證得了須陀洹果。

有一天，毗舍佉照常到寺院去聽佛陀說法。為了表示對佛陀的尊敬，她在拜見佛陀以前，便將頭上戴著的貴重飾物拿下來，交給僕人保管。聽完佛法，離開寺院的時候，她們卻忘了把頭飾帶回去。後來阿難發現了那個頭飾，佛陀便吩咐他將頭飾收好，下次再交還給毗舍佉。毗舍佉知道頭飾留在阿難那兒，卻不把它領回。她起先決定將頭飾賣掉，並將所得的錢捐給僧團，但是佛陀建議她用這筆錢，在舍衛城的東邊建一座精舍。毗舍佉接受了。毗舍佉在舍衛城東邊所建的寺院為鹿母講堂。佛陀的後半生，每逢雨季的安居期，都在鹿母講堂和祇園精舍度過。

佛陀在鹿母講堂裡說了許多重要的佛法。在一次說法中，他提到：「一個女人如果擁有才能、卑謙有禮、能治家、並能為丈夫管理錢財這四種優點，便能過快樂的日子；如果擁有誠實、貞潔、肯布施、有智慧四種優點，則她連來世都能過快樂的日子。」

4 種瓜得瓜

業，是指有意的行為。根據業的法則，有意的行為會在現世和來世產生業根——善有善報，惡有惡報。業是一種自然的法則，不是宿命論；因為一個人可以透過自己的努力去改變和決定自己的命運；人應該對自己的行為負責。

佛陀小辭典

業的瑜伽

梵名Karma-Yoga。印度近代宗教改革家、哲學家維威卡難達撰。難達承襲其師羅摩克利須那有關世界宗教之思想，主張世上任何宗教皆蘊含真、善之真理，故各宗教應相互包容。難達特重實踐倫理之闡示，此實踐倫理亦即《薄伽梵歌》之宗旨；並謂吾人若能不執著因果報應，而專致於本務之實踐，即可與神融合。

業報不是宿命論

當一個人生活過的幸福美滿時，總會認為凡事理所當然。只有在受苦的時候，才會發覺生活是艱苦的，才會開始去找尋痛苦的根源，以求解脫。有人會問：為什麼同樣是人，有人生活在貧苦與憂患中，有人卻過著奢華而安樂的日子？也有的人認為禍與福是命中注定的，也就是說有一種人力無法控制的無形力量在主宰著人類。人們覺得為什麼，人無法掌握自己的命運，無法使自己永遠快樂，並為此感到迷惘和絕望。然而，佛

陀卻知道人的際遇各不相同的原因。他告訴弟子：「一個人不管受苦或享福，都是由各人過去生所造的種種業力所構成的。每個人過去生的業有所不同，所以今世的生活也各不相同。」

業力論不是宿命論。相反地，它使人瞭解命運是掌握在自己手中的。一個人的處境決定於自己所造的業，有了這個正確的觀念之後，人就不會依賴命運與創造神。

業與業報

在佛法中，業的意思就是有意的行為，是通過人的身體、言語或思想表達出來的。每一種行為都會帶來某種結果，這是因果的自然法則，也就是所謂的業報。譬如一個人捐款給慈善機構，善舉會令人感到快樂；相反的，如果一個人傷害生命，便會覺得不安。這就是佛陀所說的：「種瓜得瓜，種豆得豆。行善即有善報，行惡即有惡報。一個人如果種善因，就能享善果，要是種惡因，就一定會受惡報。」

業的法則是因果的自然定律：有意的行為，一定會有果報。這一股使行為產生果報的力量，就叫做業力。

業力論最主要和最根本的原則，不妨稱之為「同類相應原則」。此原則表現在自然界，就是種瓜得瓜，種豆得豆；表現在道德上，則是善因得善報，惡因得惡報。佛教徒心目中的業力感召，即以此為準則。這種思想在佛教社會中，是既深入又普遍的信仰。佛陀於《勝鬘夫人請問經》中，對此原則曾有極清楚的說明。

勝鬘夫人問佛陀：「是什麼原因，使得一個女人醜陋又貧賤？是什麼原因，使得一個女人醜陋卻富貴？是什麼原因，使得一個女人美麗但貧賤，是什麼原因，使得一個女人美麗又富貴呢？」

佛陀答道：「一個女人前生要是暴躁易怒，又非常慳吝，不肯以財物布施給沙門及他人，今生就會面貌醜陋而且貧賤。一個女

塔的由來

相傳釋迦牟尼佛曾知地下有迦葉佛的舍利，而以土覆其地為塔。由此傳說，可知造塔是古印度貴族的埋葬法，如同其他民族間所行的埋葬法，把土高高堆起，用以區別。

人前生要是暴躁易怒，但卻慷慨好施，常以財物布施給沙門及他人，今生就會面貌醜陋，而終身富有。一個女人前生要是性情和平，不易憤怒，但慳吝成性，不好布施，今生就會面貌姣好卻終身貧賤。一個女人前生要是性情和平，又肯常以財物布施他人，今生就會面貌姣好而又終身富有。」

由這段經文，可以看出佛教的業力思想是嚴格的，並以同類相應原則為根據。醜陋、富有、美麗、貧賤，皆各有其獨立的原因，不可相混，這樣才能解釋人生各種不同的天賦與際遇。

《那先比丘經》中的一段對話，亦說明此點：

彌蘭王問：「那先長老啊！為什麼世人都不相同，有的長壽，有的夭折；有的健康，有的多病；有的美貌，有的醜陋；有的強壯，有的孱弱；有的富足，有的貧窮；有的富貴，有的卑賤；有的聰明，有的愚蠢？」

那先比丘說：「陛下，為什麼所有的果子都不一樣呢？有的酸，有的鹹，有的苦，有的辣，有的澀，有的甜呢？」

彌蘭王說：「我想，那是因為種子不同的緣故。」

那先比丘說：「陛下，與這一樣的，所有的人皆不相同，是

因為他們業力不相同的緣故。因此有的長壽，有的夭折；有的健康，有的多病；有的美貌，有的醜陋；有的強壯，有的孱弱；有的富足，有的貧窮，有的高貴，有的卑賤；有的聰明，有的愚蠢。此外，彌蘭王陛下經由佛陀這樣說過：『年輕人啊！一切眾生都承受昔日業所傳與的遺產，我們都是業報的繼承人，從業生起，作業力親眷，業是我們的庇護，業亦派定我們卑賤或高貴。』

善與惡

業可分為善業、惡業和無記業三種。業報則有現世業報和來世業報之分。

什麼是善？我們做的事，對自己有利益；或者犧牲了自己的利益，使他人因此得到利益，這即是善。相反的，如果我們做的事，是為了自己的利益，而侵害到他人的利益；或者對自己和他人都沒有利益，這便是惡。

佛陀認為一個人想過幸福的生活，就必須行善業，避免犯下由身體、言語和思想所造成的十種惡業。

身體上的傷害：殺生、偷盜、邪淫

言語上的傷害：撒謊、搬弄是非、咒罵、說輕浮的話

思想上的傷害：貪欲、瞋恨、邪見

十善業就是避免犯下十惡業。善業也包括大乘佛教的六波羅蜜（或十波羅蜜）。一個人造了小的惡業，只影響小的福報，而不會影響大的福報。這正如佛經所說的：「少量的鹽可以改變少量的水的味道，而不能改變恆河之水的味道。」一個人造了惡業之後，他的果報要由自己承當，而不能由別人代替。一個人不管是為自己，還是為他人，都不應造惡業，因為只要造業，遲早都要受惡業的果報。

密勒日巴本生唐卡

密勒日巴（藏Mi-la ras-pa；1040～1123）又譯米拉日巴。藏傳佛教噶舉派早期代表人物之一。本名推巴噶（Thos-pa-dgah!，意譯聞喜）。幼時喪父，家產被伯父霸占，隨母貧困度日，飽受欺凌。成年後，為報仇雪恥，乃學習藏地的苯教咒術，以咒術殺伯父及其眷屬、親友數十人，並毀壞全村莊稼。後來自懺罪孽，改信佛教。投噶舉派始祖馬爾巴（Mar-pa）門下學法。經歷六年八個月，勤服勞役，極盡苦修，終得馬爾巴傾囊相授正法。返回家鄉時，乃隱居山岩中，唯穿白棉布的衣服，食麻度日，並再潛心修行九年，終於證得最勝悉地。

密勒日巴教法重視實踐，不尚空談。此外，並常以歌唱教授門人。因此，亦為西藏史上最著名的宗教詩人。其所吟唱之歌謠，由其弟子整理成《密勒日巴道歌集》（又作《十萬歌集》《米拉日巴歌集》）。該歌集在藏族中廣為流傳，對後世藏族詩歌發展有莫大影響，在文學史上亦占有極重要的地位。

無記業

無記業指的是沒有善惡的分別，也不會產生業報的行為，如走路、吃飯或睡覺等。同樣的，一個人無意間踏死一隻昆蟲，這種行為也是無記業。

從前，有一個瞎眼和尚在無意中踩死了螞蟻。其他和尚看到了，就去告訴佛陀。佛陀認為那和尚踩死螞蟻是無意的，這種行為既不是善的，也不是惡的，所以不會有相應的果報產生。

依佛教觀點，善與惡業的構成，必須經由心理的動機才能成立。心中若不先存善惡的動機，則不能構成善業或惡業。業力所造成的因果循環，亦不完全是機械的。譬如說，人如果無心去殺生，而誤殺了生命，是不需受種種殺業的果報的。佛教的觀點認為：若無瞋恨及謀殺之動機，僅屬無意的殺害，並不能構成一個完整的殺業。

現世業報與來世報

播下不同的種子，會長出不同的果樹，結出不同的果實。果樹結果的時間也各有不同，有些是一年後結果，有些卻要等待三、五年，或更長的時間才有收穫；業報的道理也是如此。

一個人今世的所作所為，如果在這一世就見到果報，就稱為

現世業報。譬如：在佛陀時代，野心很大的阿闍世太子爲了奪取王位，囚禁並殺害了自己的父親頻婆娑羅王。後來，他的兒子也因爲相同的動機，把他殺死。

有時候，一個人的所作所爲，並不會在今世受到果報。果報有長期與短期之分。根據傳統的說法感受業報時間的長短可分爲三類，今世造業今世報（現報業）；今世造業來世報（生報業）；今世造業要隔一生、二生或千百生才受到果報（後報業）。生報業和後報業都屬於來業報。

印順導師說：「業雖有種種不同，但有一點是絕對相同的，那就是諸業在沒有受報以前，如不是證悟眞理，獲得解脫，那是怎麼也不會消失的。有業，就會有果報。今生不受報，來生不受報，就是千千萬萬生，業力照樣存在，只要因緣和合，還是要受報的。」

就以目犍連爲例，他是佛陀的十大弟子之一，卻死在盜匪手中。根據佛陀的解釋，目犍連前世是一個不孝子，有一天，他把年老的父母帶到森林裡去，並且殺了他們，然後對別人說，他的父母是被盜匪殺死的。目犍連前世的這種行爲，使他在這一世遭受同樣的報應──慘遭盜匪打死。

人們雖然無法預知自己的來世會有怎樣的果報，但是，果報

六波羅蜜
是指，布施、持戒、忍辱、精進、禪定、智慧。

右圖一：業障
梵語karmavaranana。指業即障。眾生的身、口、意所造作之惡業能蔽障正道，故稱業障。一切惡業中，以五無間業為業障。

所謂五無間業，即：(一)害母。(二)害父。(三)害阿羅漢。（四)破和合僧。(五)惡心出佛身血。

《華嚴經》：若有眾生一見佛，必使淨除諸業障。

右圖二：觀音懺法
宋天台遵式法師，制定以觀音為消除毒害懺悔儀軌，即現今所流行的觀音懺法。此懺法勸請觀世音及一切三寶加被，消除三業，以成就現當之二利。

確實是存在的。一個多行善業的人，一定會在現世或來世得到善報，享受快樂；而一個無惡不作的人，則會在現世或來世得到惡報，遭受痛苦。這就是善有善報，惡有惡報的道理。

業力決定人的命運

一個人的現世生活受到前世的業力所影響，然而，過去的業力是可以透過今世所造的業去改變或消滅的。這就如一杯鹽水，如果多加些水，就可以沖淡鹹味一樣。通過現世的努力，可以產生新的業力。這個新的業力同樣會有現世業報或來世業報；這些業力就是輪迴的條件。

一個人如果瞭解業的法則，就會明白：人的所作所為決定了自己的命運，所以應該對自己的所作所為負責，也一定要承擔一切的後果。既然業力決定人的命運，我們就必須時時檢討自己，培養良好的思想和言行，才能創造美好的未來。

5 生命的輪迴

佛陀認為人死了以後，會在六道中輪迴。六道是：天道、阿修羅道、人道、畜生道、餓鬼道和地獄道。修行八正道可以從生死的輪迴中解脫出來，達到涅槃境界。根據佛教的說法：人的這一世結束以後，還會有來世。佛教肯定輪迴是存在的，眾生都有過去世，也有未來世。

真的有輪迴

印度恆河
又稱聖河，印度人習慣稱瓦拉納西恆河或母親河。傳說恆河是天上婦女神的化身，應人間某國王要求下凡沖刷其祖先的罪孽並灌溉農田。從此，人們都篤信恆河水是可以洗滌罪業的聖水。

所以連死亡的儀式也要在瓦拉納西旁，並相信將身體、火化後骨灰撒到恆河中的亡靈，可升天堂，免受輪迴之苦。因為印度教典籍上的記載，據說此地神有3.3億尊，另外，典籍上亦說明，在恆河的沙子裡，代表每個印度教徒都擁有一個神靈，而且絕不重複。

　　許多人並不相信有輪迴這件事，但是修習禪定的人卻能在很高的禪定境界中，回憶他們過去世的許多事情，這證實了有過去世的存在。佛陀在證悟真理的那個晚上，在禪定中清楚地看到自己過去諸世的情形，也看到眾生因為各自的業力而輪迴生死。佛陀是根據自己的經驗，向弟子們宣講輪迴的道理。

　　近年來，人們搜集和整理了許多事例，更證實了輪迴的存在。在許多事例中，當事人都憶起他們前世的種種生活情形。過後，人們將他們所提到的地方和人物，與那個時期的歷史紀錄比對，都證明那些事物並非虛構的。

　　證明輪迴存在的最好例子是比莉·墨菲（Bridey Murphy）的

事例。在美國有一名叫露絲‧西門（Mrs. Ruth Simmons）的婦女，回憶起她的前世。她說：「一百多年前（一七八九年）她是愛爾蘭人，名叫比莉‧墨菲。」她還把前世的生活情形敘述的非常清楚，她的說法被證實真有那麼一回事。

此外，英國有一位婦女名叫內娥米‧亨利（Naomi Henry）回憶起她前兩世的生活情形：有一世她生活在十七世紀。當時，她是一名愛爾蘭婦女，住在一個叫格豪（Greehalgh）的村子裡。後來，查考相關紀錄，證實當時的確有這樣的一個村子。亨利太太又回憶起她另一世的生活，那時，她是一名英格蘭婦女；一九〇二年，她在英格蘭的一個道漢（Downham）的城鎮裡擔任護士，看護好幾名小孩。從道漢城所保存著的官方紀錄中，證明了當時的確有這名婦女的存在。

美國維基尼亞大學的愛因‧史蒂文生教授（Professor Ian Stevenson）曾經研究過二十餘宗輪迴的事例，然後將有關的資料加以鑑定與發表。這些輪迴的事例分別發生在法國、義大利、印度、斯里蘭卡和緬甸等國家。許多的事實與科學的驗證都已經證明了輪迴的存在。

六道輪迴

佛陀說：生死輪迴是不斷地循環和變化的。就像人體細胞的新陳代謝一樣。根據醫學的說法，一個人體內的細胞，會在七年內，先後地被新的細胞所取代。

眾生在死亡的那一刻，就是這一世生命的結束，軀體無法再生存下去，心識也就脫離軀體。不過，追求生命的欲望卻又驅使他去投生。輪迴到什麼地方去，就是由業力來決定。

佛教把眾生分為三十一類，大乘佛教為了方便解釋，把這三十一類歸納為六道。六道就是指——天道、阿修羅道、人道、畜生道、餓鬼道、地獄道。六道遍佈整個宇宙。眾生死了以後，會輪

佛陀小辭典

輪迴之輪

意思是輪轉或是生命的不斷的迴轉。因為業力我們不自主的被囚禁在生死的迴圈中。我們就像旅行者般，當生命結束時，我們的心識的能量開始轉動，業風將其吹至另一個生命體裡面。心識如此不自主地一再重複這種過程，直到我們找到逃脫的方法。

業自在

菩薩萬行具足,悲智雙運,或現神通,或說妙法,或入禪定,或修苦行,所作行業,但為利他,縱任無礙,即為業自在。

迴到六道中的任何一道。六道中的天道、阿修羅道和人道,稱為三善道,因為生活在這三道裡的眾生是快樂多過痛苦的。相反的,畜生道、餓鬼道和地獄道,稱為三惡道,因為這三道裡的眾生都要遭受無間的痛苦折磨,如:恐懼、飢渴、炎熱、寒冷和疼痛等。

一般而言,眾生如能持戒、布施和修習禪定,就能輪迴到三善道去。要是行為不好、吝嗇和殘暴,就會輪迴到三惡道去。一個人無論造了善業或惡業,都會得到果報。譬如:凶手會短命,強盜會窮困,通奸者的婚姻會發生問題。這個因果法則,會使人產生警惕的心理,而不敢為非作歹。

輪迴與業力

再生業:決定一個人轉世之後所處的境況。

維持業:能維持或加強轉世後的境況。

妨礙業:妨礙或削弱這些境況。

破壞業:能破壞業力。

以佛陀的堂弟提婆達多為例:再生業使提婆達多出生一個優良的環境中,成為釋迦族的貴族。維持業使他加入僧團,努力修行。後來他企圖分裂僧團,就是妨礙業在發揮作用。破壞業則使他企圖謀害佛陀。他造了這個惡業之後,就墮落地獄中受苦。

另四種業也與輪迴有關

極重業:殺害父母、破壞僧團的團結、傷害佛陀等,都是屬於極重業。

臨終業:臨終業是指一個人在死前的心理或生理活動。例如一個人在臨終時突起惡念,就會墮入三惡道。

習慣業:習慣業是指一個人時常做的事,在死前自然會憶起。例如一個喜歡殺生的人,臨死前腦海中會浮起殺生的情景。

六道輪迴圖

六道輪迴圖是佛教宇宙生物圈的概括，謂六道眾生，生死都在這六個範疇內輪迴，永無止盡；惟靠菩薩佛陀領導才能脫離此處。因此分別為天界、非天界、人界為善趣道，是比較好的投生之處；畜牲、餓鬼、地獄為惡趣道，是下等受罪的投生處。於是輪迴圖裡把一個圓圈分隔為六格，分別表示這六個道的生活情況。

輪迴圖正中，畫有動物、豬、鳥、蛇，一個咬著一個的尾巴，這是代表無明的貪、瞋、癡三毒相互關連，要擺脫三種毒素的唯一辦法就是要學習戒、定、慧克服三種惡因。圖中還畫有以鐵鏈把人向下牽扯者，表現人的欲望、執著地追求財富或名利，但是經由佛、法、僧把人的靈魂淨化，向上導引，引至極樂境界。

圖畫週邊面有戀愛、結婚、同床、生小孩等世間事，說明人生一世皆受因果，無限輪迴。第三圈是上為三善道——天道、人道、阿修羅道；下為三惡道——地獄道、餓鬼道、畜生道。 第四圈是十二因緣，無明——育女，行——陶人，識——摘果猿猴，名色——兩人乘船，六處——小屋六窗，觸——男女擁抱，受——眼中箭，愛——女陪男，取——摘果人，有——男女同處，生——女人生子，老死——背負死者；為無明緣行，行緣識，識緣名色，名色緣六入，六入緣觸，觸緣受，受緣愛，愛緣取，取緣有，有緣生，生緣老死等。六道輪迴圖是釋迦牟尼佛所創立的理論昭示圖。六道輪迴圖整個畫面即一巨大的轉輪，被一閻魔王擁抱著。閻魔王以獠牙巨齒咬著轉輪的上部，三目圓睜，五骷髏冠，下部露出閻魔王的雙腳和虎皮裙，表芸芸眾生為佛法統攝著。

隨機業：隨機業是指過去所做的作何一件事，臨死前在腦海出現。它也能決定人們來生進入六道中的那一道。

一個人不必等到輪迴到某一道，才能瞭解那一道的生活情形。譬如：當一個人在極快樂或非常平和的時候，就能夠體會到天道的生活狀況。如果一人放縱自己，貪吃、貪喝、貪睡，甚至耽溺於愛欲的享受，那他的生活就和畜生道的眾生沒有兩樣。還當一個人生活在恐懼和痛苦中，或是遭受折磨與毒害的時候，就好像生活在地獄裡一般。

佛教的傳說中有許多地獄。但主要的有八熱地獄和八寒地

佛陀小辭典

地獄道

隨個人所作業力輕重、劫數等。其最重的，有一天當中，受八萬四千生死。作五逆十惡者，將受感招往生此道。

壹、八寒地獄

一、頞浮陀，寒苦觸身。

二、尼羅浮陀裂，寒苦所逼。

三、阿吒吒，寒苦增極，舌作此聲。

四、阿波波，寒苦增極，唇作此聲。

五、嘔喉，寒苦增極，喉作此聲。

六、青蓮華，謂寒逼皮肉開拆。

七、紅蓮華，寒逼肉色大拆。

八、白蓮華，寒逼皮肉脫落。

此獄壽命，或云比熱獄更長，或云減半。

貳、八熱地獄

一、等活，死已復活，活已復死。計人間五十歲，為四王天一日夜；此獄以四王天壽五百年為一日夜，如是積數，至五百歲。

二、黑繩，如世解木，繩抨鋸解。至計其壽命，則人間百歲，為忉利天一日夜；此獄以忉利天壽一千年為一日夜，計此壽一千歲。

三、眾合，眾山四合，碎身成塵。其壽命計人間二百年為夜摩一日夜；此獄則以夜摩天二千年為一日夜，壽二千歲。

四、號叫，在大鑊中，沸湯烹煮，號啕叫喚。其壽命人間四百年為兜率天一日夜；此獄以兜率壽四千年為一晝夜，壽四千歲。

五、大號叫，在熱鐵鏊中，受煎熬苦，極切大叫。其壽量計人間八百年為化樂天一日夜；此獄以化樂天八千年壽為一日夜，壽八千歲。

六、炎熱，烈火猛燄，燒炙糜爛。其壽量計人間一千六百年，為他化天一日夜；此獄以他化天一萬六千年為一日夜，壽一萬六千歲。

七、極炎熱，著於火中，內外燒害。壽半中劫。

八、阿鼻，此為無間，謂受苦無有間歇也。有五義故，立無間名。

（一）、趣果無間：有極重罪者，即向彼獄，受其果報，無有間歇。

（二）、受苦無間：謂在彼獄，受諸痛苦，無有間歇。

（三）、時無間：謂至彼獄，受苦時節，無有間歇。

（四）、命無間：謂彼地獄，壽命一中劫，無有間歇。

（五）、形無間：謂彼地獄，受罪眾生，生而復死，死已還生，身形無有間歇。

參、十六遊增小獄

八熱獄每四方各有四小獄，共為十六小獄，即八大獄總有百二十八。名為遊增，言遊增者，謂受罪眾生，遊彼獄時，其苦轉增故也。

一、黑沙，熱風吹熱黑沙，焦爛皮骨。

二、沸屎，沸屎鐵丸滿前，驅逼於罪人。

三、鐵釘，鐵釘釘著，周遍身體。

四、焦渴，渴以溶銅灌口。

五、飢餓，飢服鐵丸。

六、一銅鑊，投於鑊中，涌沸壞爛。

七、多銅鑊，經許多銅鑊之苦。

獄。此外還有許多近邊地獄位於這些大地獄的邊緣。一個人因瞋恨心而不斷地造惡業，是墮落地獄的主要原因。要強調的一點是，一個人不會因為犯了一些小錯誤（如說錯話）而下地獄。從佛教的觀點看，在地獄中所受的苦並不是永恆的。一個人不管犯多大的罪，都不會在地獄中永遠受苦。

如要輪迴到人道，最基本的條件是持戒。能生在人道是最幸運的，因為人有機會證入涅槃。一般來說，生活在惡道的眾生會遭受很大的痛苦，同時也很無知，根本無法去思考來世的問題。當享盡福報，即將輪迴才後悔，但在這個時候後悔一切都已太遲。生活在人道中的人，則能嘗到快樂和痛苦的滋味，而且能憑著智慧去看清事物的真相，經過履行八正道，而證入自由自在的涅槃境界，不再輪迴。所以說，生在人道的確是很幸運的。

生死輪迴

佛陀指出，不論是輪迴至任何道的眾生，壽命雖然各有不同，但是沒有一種生命的存在是永恆不變

的。當業報完結以後，又會因新的業而再輪迴。當一個生命結束以後，又會輪迴到另一道去，這樣由生到死，由死到生，一直不停地輪迴著。佛陀說：「生命的輪迴是永無休止的，只有修行八正道，才能證入涅槃，才能從無盡的生命輪迴中解脫出來，獲得無上的快樂。」

人們瞭解業力和輪迴的法則，便會對生命有更深遠的認識。明白任何有意的行為，都會在今世或來世產生果報。認識了這層道理，在面對困難的時候，人才能夠本著堅強的意志，抱著希望，有信心地繼續行善；因為所行善業，將會在這一世或來世產生好的果報。

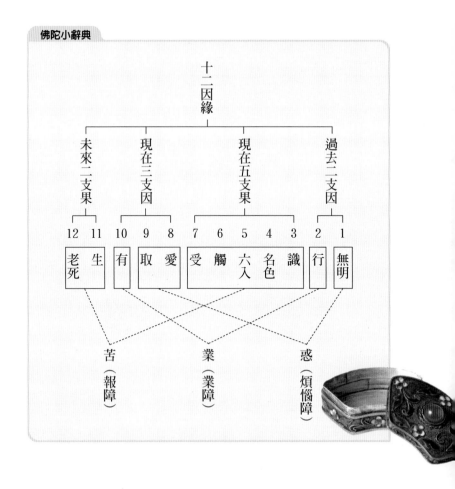

佛陀小辭典

十二因緣

未來二支果	現在三支因	現在五支果	過去二支因
12 11	10 9 8	7 6 5 4 3	2 1
老死 生	有 取 愛	受 觸 六入 名色 識	行 無明

苦（報障）　　業（業障）　　惑（煩惱障）

大威德金剛

大威德金剛又稱怖畏金剛，為文殊
菩薩化身的忿怒相。九頭，三十四
臂，十六足。修習大威德明王法可
得調伏怨敵的功德。

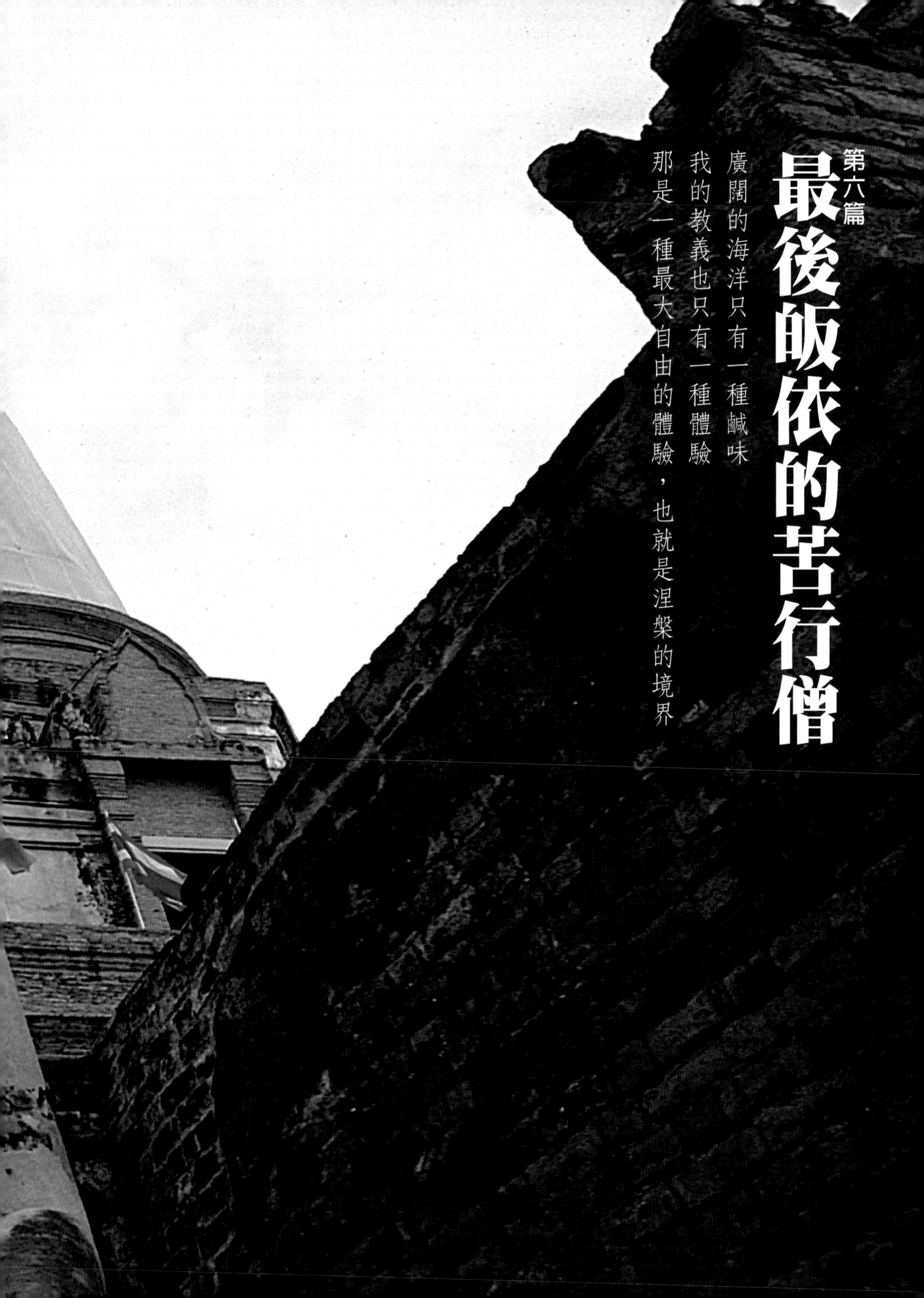

第六篇

最後皈依的苦行僧

廣闊的海洋只有一種鹹味

我的教義也只有一種體驗

那是一種最大自由的體驗，也就是涅槃的境界

1 緣起性空

一切事物都是有其原因和相和合條件的配合而產生的。一個人就是由於心的不純淨和習慣性的造業，才會輪迴並遭受痛苦。空，是緣起的另一種解釋，因為任何事物，只有在和其他事物對比時才具有意義。事物的存在，是基於原因和條件的配合，沒有真正獨立的本性。一切事物有生必有滅；人既然有痛苦，就一定有解脫痛苦的方法。財富、感情、青春甚至生命，最終將從指縫間溜走。

緣起

一切事物都是原因和條件的配合而產生的，種子的萌芽，需要有土壤、水分、空氣和陽光，若缺少了其中任何條件，便無法長出幼苗。同樣的，有了燈蕊和燈油，油燈上的火焰才能夠被點燃。如果燈蕊燒盡或燈油用完，火焰必定隨之消失。生命的存在，同樣有它的原因和條件，絕對不是偶然的。

因緣的道理是佛陀悟道的主要內容，也是佛法的中心思想。當阿說示用簡單的幾句話向舍利弗說明因緣的道理時，舍利弗當下便有了深刻的印象。阿說示說：「佛陀告訴我們：一切事物有生必有滅。人生既然有痛苦，就一定有解除痛苦的方法。」

五蘊皆空
五蘊是色、受、想、行、識，色從四大假合而有，而想行識皆由妄念而生長，因此五蘊諸法，如幻如夢化，從因緣而生，本無實性，應當體悟其皆為空性。

緣起與輪迴

油燈火焰不會消失，是因為擁有燈蕊和燈油；而一個人一直在輪迴中遭受種種的痛苦，則是造了許多惡業的緣故。

一個人如果無知、貪婪和執著，心就不會純淨。這將使人看不清事物的真相，一味地追求欲樂享受，並且對它產生執著不放的心理。人不瞭解財富、感情、青春，甚至生命都是無常

的。這些東西，就像一把沙子，最終將從指縫間溜走。

　　一個人的心如果不純淨，就會貪得無厭，想盡辦法用偷、搶、拐、騙等方法，來滿足自己的欲望，從而養成各種不良的習慣。相反的，心靈純淨的人，卻認為只有通過努力，才可以實現自己的願望，因此做任何一件事情，都能夠竭盡全力，漸漸地，就養成了勤勞的好習慣。

　　各種不同的習慣，都是這樣養成的，而習慣的養成影響了一個人的個性。當人面對新的挑戰時，便會因為某種養成的習慣作出反應，好的習慣也因此得到再一次的加強。

　　當一個人死的時候，不純淨的心和習慣性所造成的業，就構成輪迴的條件。人們如果受到無知、貪婪和執著的束縛，就會繼續造業，就要不斷地輪迴。

　　人的存在需要依靠各種原因和條件。不管是在物質或精神的範疇裡，人都受到因果律的約制。人們現在所經驗到的，是由

上圖：十二緣覺菩薩

緣覺。或稱辟支佛，聽佛說十二因緣而悟道者。倘若生於無佛之世，觀諸法生滅因緣，而獨自修行悟道者，稱為獨覺。

右圖：時輪金剛

密法認為眾生攀緣在過去、現在、未來三時流轉於六道的迷幻中，所以透過此符號來表示三時的概念，外時輪以春、夏、秋、冬四季及宇宙中日、月、星辰及內時輪──人體內色、受、想、行、識等五蘊及宇宙中地、水、火、風、空，時輪金剛統攝著宇宙物質世界、精神世界、所有時間、空間及因果業障之秘密。

過去的行為所造成的；而將來所經驗到的，則是由現在的行為所造成的。人的存在並不是偶然的，而是由各種業力所構成的。然而，任何人都有能力改變這些業力。

輪迴是痛苦的。因為無知、貪婪和執著，使人永遠不能得到滿足；更何況，人們所追求和執著的各種欲樂享受都是無常的，所以最終還是要面對別離、衰老、死亡和憂傷。

佛教不認為宇宙有一個第一原因或有一個開始──生命之輪沒有開始也沒有結束，它有如畫在黑板上的圓圈，無論誰都沒有辦法指出起點與終點。雖然如此，從心理的角度來說，輪迴和痛苦的產生與延續都有一個主要的原因，那就是無明，而無明就是無知。

根據傳統的說法，緣起可以依十二因緣的道理來解釋。十二因緣是指：一無明；二行；三識；四名色；五六入；六觸；七受；八愛；九取；十有；十一生；十二老死。十二因緣又可歸

納爲──惑、業、苦三個生命的枷鎖。

在這種歸類法中的無明（無知）、愛（貪婪）、取（執著）就是造成不純淨的原因。惑的內容和三種毒火的意義非常接近。惑的無明其實就是痴，惑的愛也就是貪，而惑的取只是愛的加強與擴大。雖然惑沒有瞋的字眼，但是卻包含瞋的意思，因爲瞋和愛爲互相關聯。行是過去習氣的累積，這些習氣就是構成個人習慣的因素，而且影響新的業產生（有）。

惑和業是產生輪迴和痛苦的原因，但是輪迴和痛苦本身又會產生惑。由惑產生業，業產生苦，苦又再產生惑，循環不息，因此，生命也就輪迴不停了。古人有四句偈說明了十二因緣爲惑業苦三道流轉的道理：〈無明愛取三煩惱，行有二支爲業造，從識至受進老死，如是七事爲苦道。〉十二因緣是一個連環的鎖扣，相互牽連的關係。

十二因緣貫通於過去、現在、未來三世，即過去世、現在世、未來世。

辟支佛在小乘人中稱爲利根，聽佛說十二因緣的互相關係，互爲因果的道理，覺悟到無明正是十二因緣中苦果的總根源，無明一滅其他因緣就會一起斷滅，就像砍樹要砍樹根是同樣的道理。要想解脫痛苦，不再輪迴，人們必須先淨化自己的心，不再無知、貪婪和執著。這樣，才不會造業，輪迴和痛苦才會終止，而人也能獲得身心的大自在。

緣起與空性

幼苗和火焰有了原因和條件的配合才能存在。幼苗和火焰就像任何事物一樣，是不能獨立存在的，都有依靠其他物體而存在的本性，這就是相對性，也就是佛教所說的空。空，也是緣起的另外一種解釋。

事物的存在，只有和其他的事物對比，才能顯示出意義。譬

佛陀小辭典

禪定的十種利益

修菩薩道的行者，善長能修習禪定，則萬緣俱息，定性現前，故能獲得此十種利益。

一、安住儀式。
二、行慈境界。
三、無煩惱。
四、守護諸根。
五、無食喜樂。
六、遠離愛欲。
七、修禪不空。
八、解脫魔罥。
九、安住佛境。
十、解脫成熟。

風馬旗印版

風馬是溝通世俗與靈界的通用媒介。在藏族人心目中，白色純潔善良，紅色興旺剛猛，綠色陰柔平和，黃色仁慈博愛，藍色勇敢機智。寶馬（背馱佛法僧三寶）居中，或象徵靈魂或吉祥及財運昌隆、大鵬金翅鳥象徵生命力、龍象徵繁榮、獅象徵命運、虎象徵身體等動物環繞，它們代表金、木、水、火、土五行，寓意五行循環往復，生命恆久不息。

風馬旗最早是紀念在戰場上逝去的英雄，人們為了紀念他們，將英雄們所使用的兵器，插在很高的山上。佛法尚未傳入前，旗子上面沒有經文，只有一匹戰馬圖案。

印製的風馬旗會由男子擇吉日在高山上順風揮撒，讓無數風馬隨風飄向遠空，以祈求各方神靈保佑百姓風調雨順、人畜平安。

如一個人，從其兒子的立場來看，這個人是父親；但是，從這個人的父親的立場來看，他卻是兒子。這個人可以是父親，也可以是兒子，這就要看他與另一個人的關係而定。所以說，父親和兒子只是相對性的名詞罷了。

又如從台北到台中，當然比從台北到桃園遠一些；但是，如果拿台北到台中的距離與台北到屏東的距離相比，相對的卻近得多了。所以遠和近，也是相對性的。它們只有和其他事物對比時，才能存在，才有意義。

相對性或空的意思是事物無法獨立存在。因此，它們本身沒有永恆不變的性質。單獨一個人不可能叫做「父親」。他被稱為「父親」，是因為他有孩子。其實空的意思並不是什麼都沒有；相反的，空是無限，只要原因和條件得到適當的配合，就會產生種種的可能性。所以，每一個人只要努力修習戒學、定學和慧學，便有可能成為覺者。

緣起的道理是佛法的主要內容。佛陀由於瞭解緣起的道理，才證悟了真理。所以佛陀說：「緣起的真理是非常奧妙的，如果不明白這個道理，人就會不斷地在輪迴中受苦，就像糾纏在一起的線團，解也解不開。」

宇宙萬有、大地山河，世間的一切現象都是因緣和合才得以存在。沒有了因緣就沒有所有的這一切，任何人、事、物，都是無法獨立存在的，這就是緣起性空。

佛具十身

一、菩提身。二、願身。三、化身。四、住持身。五、相好莊嚴身。六、勢力身。七、如意身。八、福德身。九、智身。十、法身。

2 事物的三種特性

法印,指的是事物的共同特性。諸行無常、諸法無我、涅槃寂靜
是三法印。無常與無我就是生滅相續的道理。眾生有生老病死,
萬物有生住異滅,剎那剎那間的變化遷移就是無常。《金剛經》
云:〈無我相、無人相、無眾生相、無壽者相。〉說明四相皆
空,無我可得。

三法印

　　佛陀所說的法印,指的是一切事物所共同擁有的特性。佛陀認
為事物有三種特性,合稱三法印,就是無常、無我和涅槃寂靜。
這些特性,是不會隨著時間的流逝而改變的。

　　一般來說,每種事物都有它個別的特性,譬如火具有熱
的特性,而水卻沒有。如果水要具有熱的性質,就必須
依賴其他的條件,如陽光或電爐的熱能來使它變熱,
但當它失去相關條件時,它又不熱了。由此可見,
熱並不是一切事物所共有的特性。但三法印——
事物的三種特性,卻與任何一種事物都具有密切
的關聯。

　　佛陀說:「所有緣起的事物都是無常的、痛
苦的、無我的。一個瞭解這種道理的人,就
不會再受痛苦的影響。這便是淨化內心的方
法。」瞭解緣起事物的三種特性,可以斷除
欲望和無知,而證得涅槃。

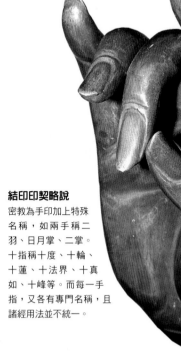

結印印契略說
密教為手印加上特殊
名稱,如兩手稱二
羽、日月掌、二掌。
十指稱十度、十輪、
十蓮、十法界、十真
如、十峰等。而每一手
指,又各有專門名稱,且
諸經用法並不統一。

無常

　　無常,就是變化的意思。佛陀說:「一切

事物都是無常的：有生起，便有毀滅。沒有一樣東西是永恆不變、不會毀壞的：就像河中的流水或蠟燭的火焰一樣，前一刻跟後一刻便有所不同。」

人體是由不斷變化的血、肉、骨骼等物質構成的。人的心念也是不斷地變化，它就像一隻猴子，蹦蹦跳跳，沒有一刻安靜下來。海洋、陸地、高山峻嶺，甚至地球、太陽和整個太陽系，從表面看來都沒有什麼變化，但根據科學家的檢測，宇宙萬有，時時刻刻都在變化中，而且漸漸地趨向毀滅。因此生命是無常的道理，我們又怎能懷疑呢？事實告訴我們──任何人都逃避不了死亡和肉體的毀滅。

瞭解無常的道理，對修行人正道和改善人際關係都有幫助。例如：朋友之間有時所以有磨擦，主要的原因就是彼此不瞭解對方的性格、興趣和態度的改變。如果人們能夠瞭解世界上的每一個人、每一種境遇時時刻刻都在變化的道理，便能夠以坦然的心境去對待包括友情在內的一切事物。這樣，磨擦就不會發生，友情也就能夠繼續發展了。

瞭解青春、健康、物質享受，甚至生命都是無常的以後，人就應該好好地利用現有條件修行八正道，以求證悟真理，並獲得無上的快樂。佛陀在入滅前對弟子們說了這樣兩句話：「一切事物都是無常的，你們必須努力修行。」

一切事物都是無常的，因此與痛苦有關。不過，無常不是產生痛苦的主要原因。痛苦的產生，是我們對無常的事物有了欲望和執著的緣故。因為無常的關係，我們所追求的東西瞬息間便消失了，就像一塊放在手上的雪糕，溫度會令它自然融化。欲望產生痛苦，所以斷除欲望就能獲得無上的快樂。

苦諦是四聖諦的第一諦，它說明了生、老、病、死的人生苦相——苦的根源就是無常。因為事物的存在都是短暫的，都會趨向毀壞和滅亡；生死輪迴也叫人難以忍受，使人無法獲得安寧，所以人生是痛苦的。

瞭解到痛苦是不可避免的事實，人就能夠勇敢地面現實。面臨衰老、病痛和死亡時，便不會感到沮喪；能夠像悉達多太子一樣，抱定決心去尋求解脫痛苦的方法。

無我

人們總是認為世上有真實而永恆的我存在，否則人就不能生存，也不會有種種人生的體驗。佛陀卻說：「世間根本沒有獨立而永恆的我，因為無我，是一切事物共有的特性。」

如果「我」是獨立存在的話，那麼「我」應該是一種辨認得出的東西。有些人認為身體就是「我」，而有些人卻說心識就是「我」，可是，身體和心識都是變化不定的，最終都是會毀壞的，而且它們必須依靠其他的條件才能存在，所以身體和心識都不是永恆、獨立的「我」。

假如身體是「我」的話，它應該能夠永遠保持健康，但是身體卻會疲勞、飢餓，甚至生病。身體根本不能自主，所以它不是

佛陀小辭典

三法印與一法印

小乘的教義，是以四《阿含經》為依據，說的是三法印。大乘的教義，就是以佛說的《大集經》與《般若經》為依據，一法印就是諸法實相的道理。因為大乘教義是以實相真心為根本。實相真心就是真如心。《華嚴經》云：〈一為無量，無量為一，小中現大，大中現小。〉大乘菩薩雖然證得涅槃，而不住著於涅槃，所修行六度、四攝普度眾生的法門，又不住著於事相，這都是以緣起性空為基礎，而達到真空不空，具足妙有，一切萬法，唯是實相隨緣顯現，這就是大乘一法印的道理。

佛足
如來腳指端有蠡文相如毗紐羯摩天
所畫之印；足下千輻輪像，魚鱗相
次，有金剛杵像；足跟亦有梵王頂
像；此外，還有雙魚紋、三寶標等
圖樣。

「我」。同樣的，如果心識是我它應該不受任何干擾，可以隨心所欲，想做什麼就做什麼。但是心識往往會受到外界的干擾而改變。既然心識隨時會改變，所以它也不是「我」。總而言之，「我」是身體和精神這兩種因素的綜合體。真正分析起來「我」，根本就不存在。

如果人們把「我」看成是獨立而永恆的東西，那麼，就會產生自私和自我的觀念。這時候，人們不但會感受到客觀事物所產生的威脅，而且會覺得有某種力量在推動他們，促使他們不惜以任何代價地去保護自己和自己所擁有的一切。

我們以科學的方法來解釋「無我」，一個人可以被分析成物質的身體和精神的心識，而身體和心識又可被分析成更小的組成單位，如此一層一層的不斷分析下去，一個人只不過是一些無窮盡的因子所構成的。另一個說明無我的方法是指出事物是彼此依靠而存在的，如幼苗因為種籽、泥土、水份和其他條件而存在。簡單的例子說明了任何東西都不可能獨立存在。個人和

物體都不是獨立，而是相對存在的。

涅槃寂靜

寂靜是沒有生也沒有滅的意思。一切事物除了有無常、無我的特性外，也有寂靜的特性，就像海水一樣，有波濤洶湧的時候，也有風平浪靜的時候。

一個人如果能夠真正瞭解無常、無我的道理，並且體驗到寂靜的境界，就已經證入涅槃了。

涅槃是佛教的最高境界，能達到這個境界，就算是完成了學佛的目的。生死是無常的、痛苦的，而涅槃卻是寂靜、快樂和自由的。

涅槃境界的寂靜、快樂與自由，並不是語言文字所能表達的，而是如佛經所說，必須靠自己去體驗，如人飲水，冷暖自知，就是這個意思。

不論世間的一切是怎樣的變化無常，一旦證入涅槃，就會歸於寂靜。不論世間的一切有多麼大的差別，一旦證入涅槃，就會歸於平等，所有功德無不圓滿，所有內心的紛雜無不寂滅，因而涅槃的特性，就是寂滅。寂滅，不是打破什麼，或是取消什麼，而是顯示煩惱、生死的痛苦一切皆歸於平靜。

佛陀在世時，曾有一個弟子請求佛陀指示他一個可以避開生死的寶島。佛陀簡單地告訴他：「完全沒有煩惱、無上安全的寶島，就是涅槃。假若還有生死的存在，那你就逗留在生死的此岸，不能到達極為安全的涅槃彼岸，過著自由自在的解脫生活！」

涅槃，就是圓滿了一切智慧、德行，寂滅一切惑業，達到不生不滅的境界。所以，涅槃亦稱為圓寂或滅度。

智

為若那，又作智慧。即對一切事物之道理，能夠斷定是非、正邪，而有所取捨的人，稱為智。

佛教教義中，以獲得正智為首要之務，視其為悟界之真因。在大小二乘所共通之修行為「戒、定、慧」三學。戒能使身、口、意三業清淨，而使三昧之定現前，由定則可發得無漏聖智之慧，故以智為究竟。觀四諦之理或觀十二因緣之理，皆為智；修六度之行，亦以般若波羅蜜之智為究竟；而至佛果所獲得菩提即指究竟之智，涅槃為其所證之理，故大小乘對智之論述極為廣泛。

曼達盤

曼達，為梵文的音譯，象徵著須彌山或是藏密的壇城的意思。一般為佛前所供奉，法會中常使用。曼達呈圓形，中空，以銀或銅薄皮鏤刻或鏨刻成，一圈套一圈，層層疊起，每層上放滿五穀雜糧、貝殼、碎珊瑚、松石、瑪瑙、珍珠等，有的在最頂層還置一小法輪，使曼達整體呈塔形狀。

曼達即以代表世間一切珍貴，包括日月四大洲，結成壇城，用以供養諸佛。修法時，一面誦念，一面往曼達盤撒上述的碎石珍寶，撒滿底層後再放一層，依次將最後一層放上，象徵著祈願吉祥幸福，將法界供養給諸佛菩薩。

3 經驗的構成

人的經驗是由物質和精神兩種因素互相配合交錯所而產生的。物質指的是各種物體,精神指的是認識、感覺和意志等作用。物質和精神都是無常的,所以沒有一個永恆不變的我。如果一個人能瞭解到這一點,就能以平和冷靜的態度去對待各種世俗的經驗。

我的概念

我,實際上是一個由不斷變化著的物質和精神因素所構成的綜合體,這和汽車的概念是一樣的。汽車是由車輪、引擎、車軸和底盤等所構成的綜合體。單單車輪,不能稱為汽車,其他的各個機件也不能叫做汽車,只有在各個機件完整地裝配妥當以後,它才是一輛汽車。同樣的道理,只有當物質和精神互相配合的時候,才可以說有我以及由我所產生的種種經驗。

佛教對人與周圍事物的分析法,很接近現代心理學與哲學的

上圖:佛陀的處觀
為生長門的意義,引伸認識作用。有情的認識不能單獨存在,一定要依附因緣。而引發認識的有力原素——增上緣,而情根身的和合體有眼根、耳根、鼻根、舌根、身根、意根。此六個的和合,是有情自體。有眼方能見色——此色為眼所見的,與色蘊的色,含義不同;有耳方能聞聲。

分析法。佛教對於經驗和我的分析，令人感興趣。佛教把我分析成五蘊：色──物質，受──感覺作用、想──認識作用、行──意志作用、識──意識作用。瞭解了「我」是由物質和精神兩種因素所構成的之後，就可以改變人們對事物的看法。這種看法是把經驗當作一個過程，並不獨立存在；而能夠瞭解經驗是個過程，就是一種智慧。

構成經驗的要素

經驗是由物質和精神兩種因素所構成的。人們所看到的物體如桌椅、山丘和樹木都是物質；由眼睛、耳朵、鼻子、舌頭、皮膚、骨骼、血液、頭髮、指甲和牙齒等所組成的人體，也只是一個由各種物質所構成的綜合體。

單是物質並不足以構成經驗，因為經驗絕對不可以缺少精神方面的因素。當人與外界接觸時，就會產生認識、感覺和意志的作用，這些作用就是構成經驗的精神要素。舉一個例子來說，當一個人看到一塊蛋糕的時候，他馬上會覺察到那個物體，然後認識那是一塊巧克力蛋糕，接著就產生喜悅和期待的心理，最後，意志力就驅使他拿起那塊蛋糕來吃。從這個例子，人們可以瞭解精神方面的各種不同作用（認識、感覺和意志等）如何形成所謂的經驗。

當人的感覺器官接觸到某種物體時，馬上會產生一種概念，在上述的例子裡，物理的概念是巧克力蛋糕，接著，心裡就產生喜悅的感覺，這種感覺又使人產生想吃巧克力蛋糕的意念。又如一個人看到一條蛇，他馬上就產生蛇的概念，感到害怕，最後便有逃跑的意念。當人們看到花朵、聽到音樂、遇到朋友、拿到考卷時，都會產生各種不同的感覺，可能是愉快的，可能是不愉快的，也可能是完全不在意的。

物質與精神的本質

由物質和精神所形成的經驗，並不是永恆不變的。物質，包括人體在內的一切東西，都不是永恆不變的。樹木被砍下以後，製成桌椅，過了一段日子，它們可能變成用來生火的木柴。即使是高山，也會在風雨的長期侵蝕下變成平地。同樣的，小孩子會長大，而且終有一天會成為別人的父母，年輕人也會逐漸衰老和死亡。

精神要素如認識、感覺和意志作用也是經常改變的。譬如，有些人認為月亮在地平線上時，比高掛在空中時來得大，當然大家都知道這種認識是錯誤的，因為不管是在地平線上或高空中，月亮都一樣也都不一樣大。又如有個人現在很喜歡某一首音樂，可是過些時候，卻因為人事時地物的改變，而討厭起同一首音樂。另外有一些人原先有抽菸的習慣，可是當知道抽菸的害處以後，可能就會把菸戒掉。

佛陀曾經說過：「構成經驗的物質和精神，都不是永恆不變的。它們都不是『我』。換句話說，一切東西都是無常的，所以根本就沒有一個永恆而獨立自主的『我』存在。」

人們錯誤地把這個由不斷改變的物質因素和精神因素所構成的經驗看成是我，便產生「自我」和「我的」等概念。於是，當人們在生活中經歷到成功、失敗、榮譽、恥辱、褒揚、貶損、痛苦和快樂等八種世俗的經驗時，往往會有這樣的想法：「我受到讚揚」「他羞辱我」或「勝利是屬於我的」這是因為人們以自我的觀點來看待這些世俗的經驗，結果就產生希望或恐懼，也因此遭受痛苦。人們都希望得到成功、榮譽、褒揚和快樂，卻害怕遭受失敗、恥辱、貶損和痛苦。不過，要是人們不把這些經驗當作「我」，就不會受這一切的影響，也不會從「自我」或「我的」立場作出反應，而會以不執著的、冷靜的態度去待人處世。

4 最後的說法

八十歲的佛陀仍不斷為眾生說法。在王舍城，佛陀對摩竭陀國的一名大臣作了富國的說去。在前往毗舍離的途中，他對村民講述了德行的重要。在毗舍離，佛陀向弟子們宣布自己將在三個月後入滅。在拘尸那城，佛陀勸弟子們必須對佛法具有信心，並且努力修行。

右圖：佛陀說法難

佛陀降生出世，本欲宣說大乘之法，蓋因緣眾生根器不純，不得已而權說聲聞、緣覺、菩薩之法，權宜當時狀況，所以歷經四十餘年，說法三百餘次。最後才在法華會上，顯現真實甚深法義，所以才說佛法浩瀚難說。

佛陀小辭典

說法五種福德

一、長壽：前世說法時，上中下語，二、皆善。若好，叫殺歡喜，因聽聞佛法，而能夠終止殺戮；可以今世得長壽福德。（上中下語即經書之分，為正宗分流通。）

二、多財：前世說法時，上中下語，教人布施。若使偷竊盜取的人，因聽聞佛法而放棄竊盜；可以今世得多財福德。

三、端正無比：前世說法時，上中下語，順服佛陀正法；使因聽聞佛法者，和氣安心，顏色悅和，自生光澤，所以今世得端正無比福德。

四、名譽遠聞：前世說法時，上中下語，以善行推己及人；使因聽聞佛法者，皈敬佛法僧三寶，所以今世得名譽遠聞福德。

五、聰明大智：前世說法時，上中下語，樂於說法毫無吝嗇；使因聽聞佛法，智慧大開，斷無疑惑，所以今世得聰明大智福德。

富國的說法

佛陀在證悟真理之後，便到處弘揚佛法。八十歲那年，他還不辭勞苦地為眾生說法。佛陀住在王舍城時，有一天，摩竭陀國的國王準備攻打鄰國，便先派遣一名大臣去徵求佛陀的意見。佛陀沒有直接給予答覆，卻提出使國家富強的七個條件。他說：

「人們應該和睦相處在一起；並共同討論國家社會大事；遵守法律；敬愛父母和師長；注重道德生活；尊重各人的宗教信仰；聽從賢者和智者的勸導。這樣，國家便能富強了。」大臣聽了佛陀的話，心悅誠服，答應將這番話轉告國王，勸他打消侵略鄰國的念頭。

有關德行的說法

佛陀與弟子們離開王舍城繼續向北走。當他們來到一個村莊時，佛陀向村民講述德行的重要性。

「一個沒有德行的人將會遭遇到五種不幸，失去財富、惡名昭彰、時時感到不安、臨終時得不到安寧、來世會遭受苦難。

一個有德行的人則會得到五種福報，得到財富、有好的名譽、有自信心、臨終時內心平靜、來世會過幸福快樂的生活。」

病重的佛陀最後的交代

佛陀離開這個村莊,又到過許多地方,最後他來到毗舍離。這時正逢雨季,佛陀便決定在毗舍離附近暫時住下來。不久,佛陀卻病倒了。由於佛陀病得很重,阿難擔心他會一病不起,便難過地哭了起來。此時阿㝹樓陀尊者提醒阿難,佛如果涅槃之後許多大事都需及時處理,現在不是哭的時候,要趕緊去請示佛該如何辦理。阿難一聽連忙來到佛的身邊請示佛,佛一見阿難便說:「阿難,我已經把所有的佛法都傳授給你們了,僧團還需要什麼指示呢?現在我老了,身體也非常衰弱,所剩的日子已經不多。阿難,真正的佛弟子都必須以自己為明燈,不要依賴別人。能夠以自己為明燈的人,即使在我離開這個世界以後,也仍然能夠瞭解佛法,並且努力去修行。」

過了不久,佛陀決定宣佈入滅的時間,佛叫阿難去召集遍布在毗舍離附近的弟子。等弟子們到齊,佛陀便對他們說:「三個月後,我便離開這個人世。你們要和睦相處,彼此尊重,避免爭執,更要努力修行,意志堅定地過純淨的生活。如果你們

能夠勤修佛法，便能從輪迴中解脫出來。」

入滅前的供養

佛陀離開毗舍離，來到波婆。接受鐵匠純陀的供養之後，病勢轉危。

佛陀知道純陀會因此受到眾弟子的責難，便對弟子們說：「人們在佛成道前和入滅前所作的供養，是最好、最特別的。純陀因為供養我而積了許多功德，所以他不應該受到責難。」

佛陀又說：「布施可以增加一個人的功德，自制可以使人不產生瞋恨的心理，有德行的人就不會做壞事。一個人如果能夠除去貪欲、瞋恨和愚痴，心境便會平和。」

佛陀一生說法利生，最初接受牧羊女的供養，最後接受純陀的供養。最初度憍陳如等五比丘，最後度的是須跋陀羅比丘。

離開波婆，佛陀和弟子們渡河到拘尸那城的娑羅樹林。在兩棵大娑羅樹之間，阿難為佛陀鋪設了一張睡榻，佛陀便頭朝北方，右脅向下，躺著休息。

雖然不是花開的季節，兩棵娑羅樹卻開滿了花朵，花雨繽紛地飄落在佛陀的身上。佛陀向阿難說：「這不是向佛致敬的最好方法。最好的方法就是聽從教導，努力修學佛法。」

每當雨季過後，弟子們都必須去拜見佛陀。阿難想到這件事，便問佛陀，以後他們應該怎麼做，該到那裡去親近佛？佛陀提出四個地方，讓弟子們在他入滅後，到那些地方去向他致敬。這四個地方是：佛陀的出生地藍毗尼園、證道地菩提伽耶、初轉法輪的鹿野苑以及入滅的地方——拘尸那城。而這四個地方，雖然經過了二千五百多年仍是佛教徒的心中聖地，每年都有無數的佛教徒到這四個地方朝聖。

最後皈依的弟子

拘尸那城的人民聽說佛陀即將入滅，都紛紛去向佛陀作最後的致敬。此時，人群中有一個雲遊四方的苦行僧名叫須跋陀羅，三次要求阿難讓他去見佛陀，但阿難不希望病重的佛陀受到打擾，於是拒絕了他。

佛陀聽到他們的對話，知道須跋陀羅誠心追求真理，也知道他一定能夠瞭解佛法，便叫阿難讓他進來。須跋陀羅見了佛陀，向佛頂禮後，問道：「其他苦行僧是否也能證悟真理？」佛陀回答：「只要他們的教理中包含了八正道的修行方法，便能證悟真理。」須跋陀羅聽了佛陀的話，要求加入僧團皈依佛陀。佛說：「善來比丘，鬚髮自落，袈裟披身。」聽佛說《涅槃經》須跋陀羅當下智慧現前，斷除煩惱得證阿羅漢果位。此時須跋陀羅已是一個八十一歲的老人，在佛即將涅槃時投佛出家成為最後一名皈依佛的弟子。

最後的叮嚀

佛陀將入滅時，對阿難說：「有些人或許會以為我入滅以後，

你們便沒有了導師。其實，佛法就是你們的導師。」他又對弟子們說：「如果你們對佛陀、佛法和僧團有任何懷疑，現在就提出來吧！」

佛陀重複問了三次，但是大家都保持沉默。過了一會兒，阿難才開口說：「我相信這裡的每一個人對佛陀、佛法和僧團都沒有懷疑。」

「阿難，這是因為你對佛陀、佛法和僧團有信心。我也知道僧團裡的每一個人都和你一樣。」佛陀接著又說道：「弟子們，一切事物都是無常的，你們必須努力修行。」說完，佛陀便入滅了。

佛入滅後，阿那律尊者去到忉利天宮通知佛母摩耶夫人。佛母聽到佛入滅感到極大的痛苦，阿那律尊者陪著佛母來到娑羅樹下。佛知道摩耶夫人到來，從金棺中坐起，合掌恭敬以最虔誠的心情迎接母親的到來，並接受母親所奉獻的清淨香花。佛對母親說：「人生無常無我，如夢如幻。」之後，佛安靜入

滅，此時四方大地爲之泣唳悲鳴。

佛是一個孝順的兒子，淨飯王往生時，佛已是一代宗師，卻領著門下弟子爲淨飯王送葬，自己更與親人一起抬棺，盡人子之天職。雖然佛陀別父母、眷屬離開家庭尋求眞理，悟道之後更四處弘揚佛法，但對於孝親卻樹立下一個身爲人子的典範。這就是我們常說的，百善孝爲先。

佛陀的舍利

佛陀入滅的第二天，馬拉族人以五套袍子包裹佛陀的遺體，再以香花向佛陀致敬。到了第七天，阿那律尊者向馬拉族人解說如何處理和火化佛陀的遺體。馬拉族人接受阿那律尊者的建議之後，拘尸那城的上空，便下起曼陀羅花雨來，整個城都給花朵覆蓋，其深過膝。

佛陀入滅時，大迦葉尊者正從波婆前往拘尸那城。他在路上遇見一個外道苦行者，才知佛陀已經入滅。同一時間在拘尸那城，馬拉族人欲點火焚化佛陀的遺體，卻始終點不著火。一直等到大迦葉尊者來到佛陀前，向佛陀頂禮。佛於金棺中再度坐起，告訴大迦葉：「我囑你僧伽梨衣，直至下世佛出，你方可入滅。」說完，佛即入滅，這時火才自動燃燒起來，將佛的遺體焚化。

佛陀遺體火化後，留下許多舍利，摩竭陀國的阿闍世王要求分得一份舍利。毗舍離的離車族人、迦毗羅城的釋迦族人、阿拉喀巴補里人、羅摩村的拘利族人，波婆的馬拉族人、韋低巴的一個婆羅門僧侶，也都要求分一份佛陀的舍利。但是拘尸那城的馬拉族人卻拒絕將佛陀的舍利分給他人。他們認爲佛陀在拘尸那城入滅，舍利應歸他們所有。

婆羅門僧侶東那建議將佛陀舍利分爲八份，避免引起爭執。衆

舍利

舍利，源自佛陀滅度後，火光三昧所留下來的遺物。其乃精神與物質合一的變化。一般修行人或道家煉功火化後，也會有舍利子，但是，由於智慧的明白度各異，其功能與變化層面也不盡相同。

佛的身骨。佛、菩薩、羅漢、高僧等，寂後火化，所凝結的舍利，或如珠，或如花，白色爲「骨舍利」，赤色爲「血肉舍利」，黑色爲「髮舍利」，也有雜色的，那是綜合而成。此是生前依戒定慧薰修而得，無量功德所成，若是佛舍利，世間無任何物能損壞，菩薩以下，其堅度便相應減少。

人都贊同他的見解。東那把舍利平分之後，要求大家將那個量過佛陀舍利的甕交予他供奉。當時毗拍里瓦那的莫里族人來得太遲，只得到一些骨灰。

之後，大迦葉擔心這些舍利會遺失，便勸請摩竭陀國的阿闍世王建立一座寺廟，用來保存這些舍利。結果，除了保留在拘利國羅摩村的舍利留下來供人膜拜外，大迦葉將保留在各處寺院的舍利都收集起來，由阿闍世王把它們埋入地下，然後在上面建一座石塔。經過多年，這個地方已被人遺忘了。

阿育王統治印度時，想將這些舍利平分給全印度的寺院。但是他找遍所有寺院，卻找不到佛陀的舍利。後來靠一位尊者的幫忙，才找到埋藏舍利的舊址。阿育王留下一部份在原地供奉，其餘的舍利都分給各寺院。從這件事，可知收藏佛陀舍利的地方幾經變更。

佛塔

佛塔最早產生於印度。佛塔的前身與佛教並無關係。早在印度稱其為「佛圖」或稱「浮圖」，意即埋葬屍骨的墳墓，又譯作圓塚、靈廟等等。直到釋迦牟尼佛涅槃，才被賦予了特殊的意義──放置佛舍利的專用建築物。

為了禮佛的方便，佛塔被移入僧侶們修行的禪窟中。在印度，一部分僧侶在修行時是住在石窟中，左右兩側和正面有很多小型方室，每室只能容納一僧住在裡面坐禪苦修。為了能在苦修過程中隨時拜佛，便在石窟的中壁上刻出許多微小型佛塔。印度稱這種雕刻有佛塔和其他雕刻的石窟為「支提」，意譯為廟或稱塔廟，裡面的塔，可稱之為支提的塔。

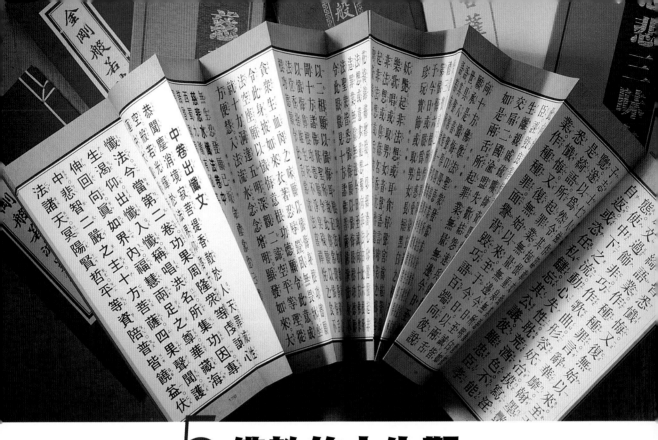

5 佛教的人生觀

佛教並不否定物質生活的存在，財富與科學的本身並無好壞之分。所有的事物只有在注入人的基本價值觀之後才有好壞之分。佛教的教義強調自制、尊重、包容、富有同情心，因為好的價值觀能幫助人類得到滿足、和諧與和平。

價值觀的重建

今日的世界和兩千五百多年前佛陀時代的世界有很大的不同。人類所有的文明都在突飛猛進地發展，每分每秒都有新的學問產生，都有新的物種被發現，都有新的疾病被克服，都有新的產品被研發；科技、通訊、醫學、生技……不但大大地改善了人類的物質生活，也改變了人類的生存環境，這是以前的人所辦不到的。人們有能力製造更多、更好的消費品，以滿足物質和精神上的需求，也有能力把壽命延長。儘管現代人有了

這些成就，人生還是充滿挫折與恐懼，整個世界仍然充斥著敵對、剝削和暴力。可見單靠物質方面的進步，是無法解決人類的難題。如果人類漠視基本的價值觀，如自制、尊重他人的生命與福利、互相容忍以及富有同情心，那麼所有文明的進展並無法使人類的生活環境變得更加美好。

佛教並不否定物質生活的存在，只是認為物質生活並不一定能使人生活得更有意義，也未必能讓人類帶來幸福。財富和科學知識，本身並沒有好壞之分，只有在注入人的基本價值觀之後才有好壞之分。所以，只要善於應用它們，就可以造福人類。佛教的教義強調這些基本的價值觀，因為它們能幫助人類得到滿足、和諧與和平；而這些，也就是今日的人類所想要得到的東西。

出家的真義

佛教的價值觀，不只與出家人有關，也是一般人所應該具備的生命價值觀。

出家的真義決定於一個人對人生所抱持的態度：所謂「出家」，就是要放棄不良的行為、偏狹的思想，以及貪婪和瞋恨的念頭。如果一個人能夠認識物質方面的成就並非人生的唯一目標，因此放棄對財富和欲樂的追求，以尋求人生更高的目標，那麼，在心理上這個人已經是出家了。

生命的缺憾

一個人只要存有貪、瞋、痴的念頭，業力就會使人不斷地在六道中輪迴。佛經裡有這樣的說法：如果把一個人過去諸世的骨頭堆積起來，那堆骨頭將比世界上最高的山還要高。

惡業會使人墮落地獄道、餓鬼道或畜生道。在三惡道中，會遭受極大的痛苦。相反的，一個人的善業會使人輪迴到人道、阿修羅道或天道。但是，在這三善道中所得到的快樂並不是永恆的，

因為只要過了一段時間福報享盡，就必須輪迴。人們只要明白六道是無常的、虛幻的，那麼是否應該尋求解脫生死的方法，去體驗涅槃的無上快樂與最大自由。

證入涅槃

佛陀證入涅槃，是讓人們相信只要虔誠的、精進的修學佛法，終有一天可以證入涅槃。佛陀說：「廣闊的海洋只有一種鹹味，我的教義也只有一種體驗，那是一種最大自由的體驗，也就是涅槃的境界。」

如果不能證入涅槃，人就無法避免衰老、病痛、死亡、與所愛的人分離、與所憎恨的人在一起，以及欲望無法滿足的痛苦。沒有人知道來世我們將輪迴到那一道去，我們是否有機會再度聽聞和修學佛法。所以有機會接觸佛法的年輕、健康且享有良好物質生活的人，應該好好地運用這些條件，努力去尋求證入涅槃的真理。

佛陀在無量劫前曾為一名獨覺，在深山裡修行，有一天靜坐時忽聞一偈：「諸行無常，是生滅法。」修行人聞

佛陀涅槃像

諸經有關世尊涅槃時種種情狀之曼陀羅有：

一、世尊橫臥寶床，五十二眾圍繞哀慟之相。

二、虛空雲中有一僧攜錫杖立於前，無數天人從尊者阿那律其後而降臨之相；於佛陀涅槃後，阿那律尊者升至忉利天，以佛陀入滅之事告摩耶夫人，夫人聞而思慕，自天下趨於雙樹間。

三、佛陀北首下娑羅樹之枝，遙懸錦囊及錫杖，此乃佛陀之缽盂及錫杖；此缽盂及錫杖乃佛陀入滅前付阿難者。

四、佛足之下，有二老嫗撫如來足而泣者；乃悲身貧不能供養佛陀。

五、佛陀前有一比丘昏迷，其餘眾僧垂手而慰之；乃阿難哀慟欲絕，投佛陀前暈厥，阿那律安慰之。

六、金剛力士大力士，化為悲哽嗚咽之相。

言心中歡喜，對於這兩句話感受非常深刻，於是起身想要尋得說法之人。找了許久終於在大樹林中見一青面獠牙的鬼王。修行人前往詢問：「鬼王，是您剛剛說了一句偈？」鬼王說：「是啊！」修行人再問：「這偈並不完整，可有下半段？」「有啊！」「可否說給我聽啊？」鬼王說：「有道是佛法難聞，你若想聽下半段就想辦法供養我啊。」「我到這深山之中採果子供養您吧。」「我不吃水果，我要吃肉，活生生的肉。」「這太難了，我不殺生，更不能以活的動物供養您。」「那你就聽不到法囉。」修行人心中想著，若錯過了這次聽法的機緣，不知何時才能再聽到法。於是他下定決心對鬼王說：「您將下半段偈子說給我聽，我聽完後以自己的身體供養您，這樣可好？」「我不相信，你能夠捨身為法。」「修道之人出言如山，我從不打妄語，您說我聽，聽完您就可以吃掉我了。」

鬼王與這名修行者商量許久，鬼王終於讓步說了下半偈：「生滅滅已，寂滅為樂。」修行人聽完這下半偈，當下體悟到——無常、無我、斷滅妄想執著，證得涅槃妙果。此時修行人請鬼王坐下，將自己的頭腦送到鬼王跟前，供養給鬼王。此時鬼王搖身一變成為天人，對證果的修行人合掌後隨即消失。

人要證入涅槃，必須即時開始修行，不能拖延。生在人道中，是最有機會證入涅槃的。但是，這還要配合各方的條件，如健康、優良環境，以及有機會接觸佛法等。人如果不好好運用這些優越條件修學佛法，一旦面臨死亡，就不知道什麼時候才有機會再修行了。

佛陀告訴我們：「修行八正道可以證入涅槃。」八正道可以歸納為三種彼此關聯的修行法，那就是戒學、定學與慧學。修持

右圖一：恭敬

自謙而尊重禮敬他人。恭敬通身口意三業。恭敬，名念其功德，尊重其人，此就意業而言。恭敬，名尊重禮拜，迎來送去，合掌親侍，乃指身業而言。以小乘法教化眾生，名為供養；以辟支佛法教化眾生，名為奉給；以大乘法教化眾生，名為恭敬，此以口業之說法教化而名恭敬。

據大唐西域記載，古印度行致敬之儀有九種：(一)發言慰問，(二)俯首示敬，(三)舉手高揖，(四)平拱合掌，(五)屈膝，(六)長跪，(七)手膝踞地，(八)五輪俱屈，(九)五體投地。西方要決卷下主張，淨土之行人須修五種恭敬：(一)恭敬有緣之聖人，(二)恭敬有緣之像教，(三)恭敬有緣之善知識，(四)恭敬同緣之善伴，(五)恭敬三寶。

右圖二：成功佛

代表是泰國的國佛，向來有被譽為「最完美的佛像」，也寓意著「堅毅慈悲、克服困難」，與「必成」的象徵，深受商人所膜拜，現恭奉於靈鷲山。

戒學，人們可以約束自己的言語和行為，就能停止造惡業。修習定學，就能淨化內心，堅定不移地修持戒學。修習慧學則能令人斷除貪、瞋、痴等惡業的根源。當人們看清了事物的真相，瞭解四聖諦的真正內涵意義以後，就能體驗到涅槃的極大快樂和自由。

一個人必須努力不懈地修行八正道，才能達到修行的最高目標──證入涅槃。佛陀說：「一個有智慧的修行者，假以時日，便可以一點一滴地除去心中的雜念，就像一個銀匠耐心地磨洗銀器，可以除掉銀器上的污垢一樣。」一個人即使在這一世未能證入涅槃，他的努力也不是白費的；因為在這一世，甚至來世都能得到滿足、和諧、和平以及幸福。無論如何，努力修行將會使一個人體驗到涅槃的快樂和自由。

生命的每一個當下都是契機及轉機，有福德因緣可以學佛，就應當用心向法師，善知識等學習請教，並且劍及履及地去實踐。事事無常，蹉跎光陰實在可惜！

สมเด็จพระญาณสังวร
สมเด็จพระสังฆราช
สกลมหาสังฆปริณายก

โปรดประทานพระพุทธรูปเพื่ออัญเชิญไป
ประดิษฐานที่พิพิธภัณฑ์พุทธศาสนาไต้ถ
ณ กรุงไทเป ประเทศไต้หวัน

國家圖書館出版品預行編目資料

佛陀的故事：知性的引導 / 林界蕙撰文.文字編輯.—
初版.—臺北縣永和市：靈鷲山般若出版
2004〔民93〕
　　冊；18×25公分.
ISBN 957-29555-3-5（全套：精裝）
224.515　　　　　　　　　　　　　93023861

佛陀的故事 《知性的引導》上集

創 辦 人 /	釋心道
編 　 審 /	靈鷲山教育理事會
顧 　 問 /	羅智成
撰文・文字編輯 /	林界蕙
資料蒐集 /	朱軒衛
校 　 對 /	莊月君
封面設計・美術設計 /	葉斯淳
法律顧問 /	永然聯合法律事務所
出 版 者 /	財團法人靈鷲山般若文教基金會附設出版社
地 　 址 /	234 台北縣永和市保生路22巷8號8樓
電 　 話 /	(02)2232-1008（代表號）
傳 　 眞 /	(02)2232-1010
E－mail /	abel@ljm.org.tw
印 　 刷 /	皇城廣告印刷事業股份有限公司
電 　 話 /	(02)2246-0000
劃撥帳戶 /	財團法人靈鷲山般若文教基金會附設出版社
劃撥帳號 /	18871894

版權所有・翻印必究

初版一刷 / 2005年1月
定 　 價 / 380元

＊ 若有缺損・請寄回更換 ＊

特別感謝照片提供

靈鷲山佛教基金會行政中心資料室・世界宗教博物館發
展基金會典藏組・李信男・陳丁林・徐勝雄・李昱宏・
徐肇揚